《轮滑课程学生运动能力测评规范》解读

于素梅 周 柱 王 静 等 编著

教育科学出版社
·北 京·

主　编　于素梅　周　柱　王　静
副主编　刘彦果　黄　晓　张明亮　盛　夏
参　编　王　锦　赵　鹏　徐辛华　李　宇　王一博　邢志伟　李振华　黄福娇
侯继军

出 版 人　郑豪杰
项目统筹　梁祎明
责任编辑　崔　丽
版式设计　思瑞博　吕　娟　李　顺
责任校对　贾静芳
责任印制　叶小峰

图书在版编目（CIP）数据

《轮滑课程学生运动能力测评规范》解读 / 于素梅等编著 . -- 北京：教育科学出版社，2024.12.
(学生运动能力国家标准解读丛书）. -- ISBN 978-7-5191-4255-1

Ⅰ. G862.8-65

中国国家版本馆 CIP 数据核字第 2025L5B177 号

《轮滑课程学生运动能力测评规范》解读
《 LUNHUA KECHENG XUESHENG YUNDONG NENGLI CEPING GUIFAN 》JIEDU

出版发行	教育科学出版社		
社　址	北京·朝阳区安慧北里安园甲9号	邮　编	100101
总编室电话	010-64981290	编辑部电话	010-64989356
出版部电话	010-64989487	市场部电话	010-64989035
传　真	010-64891796	网　址	http://www.esph.com.cn
经　销	各地新华书店		
制　作	北京思瑞博企业策划有限公司		
印　刷	北京市大天乐投资管理有限公司		
开　本	787毫米×1092毫米　1/16	版　次	2024年12月第1版
印　张	10.75	印　次	2024年12月第1次印刷
字　数	152千	定　价	86.00元

前言

随着教育强国、体育强国建设的不断推进，体育课程改革日益深化，体育育人目标也聚焦在以运动能力、健康行为和体育品德为表现的核心素养的培育上。建立标准，不仅能够及时测评学生运动能力，了解学生运动能力水平，衡量体育核心素养培育成效，也是落实中共中央办公厅、国务院办公厅《关于全面加强和改进新时代学校体育工作的意见》，国家体育总局、教育部《关于深化体教融合 促进青少年健康发展的意见》等的重要保障，并能为体育学业质量评价、体育教育质量监测、学生运动水平认证等提供直接依据。

为更好地贯彻落实《义务教育体育与健康课程标准（2022年版）》和国家相关政策要求，依据新课标提出的“运动能力主要体现在基本运动技能、体能、专项运动技能的掌握与运用”和《〈体育与健康〉教学改革指导纲要（试行）》提出的“专项运动能力评价可依据专项运动技能学习结构化内容确定评价内容，特别要注重对学生运用知识的能力以及比赛能力的评价”，研制了《轮滑课程学生运动能力测评规范》国家标准（以下简称“轮滑标准”），以期为更规范、科学、系统地评价学生轮滑运动能力提供可靠依据和可操作的方法，为促进学生体育核心素养的培育发挥支撑作用。

“轮滑标准”于2024年5月28日，由国家市场监督管理总局、国家标准化管理委员会批准发布。为进一步促进该标准的推广和应用，更好地服务于体育教学改革、体育教育质量监测等教育教学与评价工作，标准研制团队又编写了《〈轮滑课程学生运动能力测评规范〉解读》。本书深度解析标准研制依据，精准把握标准测评内容，生动展示标准测评方法，提供权威标准测评工具，可作为“轮滑标准”培训权威指导用书。

于素梅

中国教育科学研究院体育美育教育研究所

目 录

第一章 《轮滑课程学生运动能力测评规范》概述

一、基本内容

（一）结构与主要内容

“轮滑标准”从范围、规范性引用文件、术语和定义、等级划分与达标要求以及运动能力测评 5 个部分进行了描述，其结构与主要内容如表 1-1 所示。

表 1-1 《轮滑课程学生运动能力测评规范》结构与主要内容

基本框架	规定内容	具体内容
范围	规定本标准的适用范围	适用于小学、初中、高中、大学各学段学生轮滑运动能力的测评
规范性引用文件	标注本文件引用的规范性引用文件	GB/T 20096—2021 轮滑鞋中部分要求
术语和定义	界定标准主要涉及的术语和定义（全文出现 2 次及以上）	9 条术语的基本概念，包括轮滑课程学生运动能力、滑行、重心、浮腿、绕桩、规定套路、速度过桩、运球、额外赛道线
等级划分与达标要求	明确测评等级划分和各等级达标要求	1. 等级划分：6 个等级（一级到六级）； 2. 各等级达标要求：测评内容、观测点、合格要求、达标要求
运动能力测评	规定各等级测评方法	各等级测评场地器材、测评员工作、受测者测试步骤

(二)术语和定义

3.1

轮滑课程学生运动能力　student's athletic ability of roller skating course

学生在轮滑课程学练赛活动中形成的,运用滑行、转弯、跳跃、绕桩等动作完成特定任务的综合表现。

3.2

滑行　glides

利用重心移动或蹬地过程中产生的力量,采用双脚或单脚的方式,使轮子向前或向后持续滚动的状态。

3.3

重心　center of gravity

支撑身体时,达到平衡稳定的合力作用点。

3.4

浮腿　free leg

滑行时,非支撑地面的腿。

3.5

绕桩　cross cone

滑行绕过桩外沿切线相连的区域。

3.6

规定套路　compulsory routine

在一排桩中完成规定次序动作。

3.7

速度过桩　speed slalom

用最快的速度以单脚滑行方式滑行绕过一排桩的技术动作。

3.8

运球　propel the puck

借助滑行惯性,运用轮滑球球杆推动球饼随身体一同移动的动作。

3.9

额外赛道线　track Lines

位于轮滑阻拦赛道中间,用于辅助判断滑行距离的一种标志线。

上述术语能够准确地描述各等级核心技术,涉及单个动作和成套动作时,术语可以更好地帮助读者学习和理解核心技术动作,了解该技术动作的使用场景,以及该技术动作对于项目发展的重要意义。

（三）等级划分与测评内容

轮滑课程学生运动能力按照难度进阶划分为 6 个等级。一级和二级是夯实基础期，三级和四级是提高能力期，五级和六级是发展特长期，一级到六级的运动能力逐级提高。各等级测评内容与能力要求见表 1-2。

表 1-2 轮滑课程学生运动能力测评内容与能力要求

<table>
<tr><th>等级</th><th colspan="2">测评内容</th><th>能力要求</th></tr>
<tr><td>一级</td><td colspan="2">八字滑停
葫芦滑行
200 m 滑行</td><td>八字滑停能力、葫芦滑行加速能力、200 m 滑行组合动作衔接连贯</td></tr>
<tr><td>二级</td><td colspan="2">单腿支撑滑行
倒滑
直线组合滑行</td><td>单腿支撑滑行能力、倒滑能力、直线组合滑行中正滑和倒滑动作衔接连贯</td></tr>
<tr><td>三级</td><td colspan="2">V 字起跑
交叉步滑行
折返滑行</td><td>V 字起跑加速能力、交叉步弯道滑行能力、折返滑行动作衔接连贯</td></tr>
<tr><td>四级</td><td colspan="2">螺旋滑行
倒向双脚蛇形绕桩
300 m 滑行</td><td>不同半径连续弯道滑行能力、倒向双脚蛇形绕桩中的平衡和控制能力、300 m 滑行直道和弯道动作衔接连贯</td></tr>
<tr><td rowspan="5">五级</td><td>速度轮滑</td><td>双腿支撑曲线滑行
直道后引滑行
500 m 滑行</td><td>双腿支撑曲线滑行能力，直道后引滑行的单腿支撑能力，500 m 滑行中起跑、直道滑行、弯道滑行动作衔接连贯</td></tr>
<tr><td>自由式轮滑</td><td>钟摆交叉绕桩
太阳花绕桩
速度过桩</td><td>钟摆交叉绕桩的横向滑行能力，太阳花绕桩的连续转体能力，速度过桩中起跑、加速、绕桩和冲刺动作衔接连贯</td></tr>
<tr><td>单排轮滑球</td><td>定点五向拨球
定向传球
滑行运球</td><td>定点五向拨球的控球能力、定向传球能力、滑行运球组合动作衔接连贯</td></tr>
<tr><td>轮滑阻拦</td><td>绕障碍滑行
180° 转体
绕障碍综合滑行</td><td>绕障碍滑行的控制能力、180° 转体滑行的平衡能力、绕障碍综合滑行组合动作衔接连贯</td></tr>
<tr><td>花样轮滑
队列滑</td><td>前外曲线步
单足抬腿
方块阵—圆形阵路线滑行</td><td>前外曲线步的外刃滑行和身体控制能力、单足抬腿的平衡能力、方块阵—圆形阵路线滑行动作衔接连贯</td></tr>
<tr><td>六级</td><td>速度轮滑</td><td>“8”字路线滑行
箭步冲刺滑行
1000 m 滑行</td><td>“8”字路线滑行的连续弯道滑行能力，箭步冲刺滑行中的身体控制能力，1000 m 滑行中起跑、直道滑行、弯道滑行和冲刺动作衔接连贯</td></tr>
</table>

续表

等级	测评内容		能力要求
六级	自由式轮滑	玛丽蛇形绕桩 横向交叉跳跃绕桩 花式绕桩规定套路	玛丽蛇形绕桩滑行的控制能力、横向交叉跳跃绕桩的跳跃能力、花式绕桩规定套路组合动作衔接连贯
	单排轮滑球	定点射门 拉杆运球 快拍射门	定点射门的控球和射门能力，拉杆运球的控球滑行和突破能力，快拍射门的传、接、射组合动作衔接连贯
	轮滑阻拦	跳障碍滑行 360° 转体 跳障碍综合滑行	跳障碍滑行的滑行跳跃能力、360° 转体滑行的平衡控制能力、跳障碍综合滑行组合动作衔接连贯
	花样轮滑队列滑	燕式平衡 转 3 直线阵—圆形阵路线滑行	燕式平衡单脚滑行的平衡能力、转 3 滑行的身体控制能力、直线阵—圆形阵路线滑行组合动作衔接连贯
注：通过一至四级测评后，五级、六级受测者在速度轮滑、自由式轮滑、单排轮滑球、轮滑阻拦和花样轮滑队列滑五个专项中，任选其一进行测评，成绩符合该级别该专项达标要求，即视为轮滑运动能力该级别达标			

二、使用建议

“轮滑标准”适用于小学、初中、高中、大学各学段学生轮滑运动能力的测评。本标准充分考虑体育教学、体育学业质量评价、体育教育质量监测等工作的使用需要，结合不同地区、不同学段的学校体育开展实际，综合考量“轮滑标准”在全国的推行和实施难度，确保标准具备广泛的适用性。

（一）可应用于体育教学

“轮滑标准”可应用于体育教学，从教学组织、教学设计、教学方法等方面入手，为学生提供更加科学化、个性化的教学服务，提高轮滑课程的教学质量和效果，促进学生全面发展和健康成长。

1 教学组织

（1）选项走班

选项走班是一种灵活的教学组织形式，允许学生根据自己的兴趣、能力和需求选择适合自己的专项运动班级进行学习。在轮滑课程中，教师可以结合“轮滑标准”，设置不同教学难度的班级，以满足学生的个性化需求。教师可以根据标准中每个等级对应的轮滑课程进行授课。学生可以根据标准对标自己的轮滑运动能力等级，选择对应的班级上课，这样可以确保学生在适合自己的教学环境中学习轮滑，从而提高学习效果。

（2）分层教学

分层教学是根据学生的实际情况，如技能水平和学习能力等，将学生分为不同的层次进行教学。在轮滑课程中，教师可以结合“轮滑标准”，将学生进行合理分层，比如分为初级、中级和高级等不同层次。初级，可以从零基础开始，通过学习达到一级和二级水平；中级需要学生已经具备二级水平，可以开始学习三级对应的难度内容，直至达到四级水平；高级需要学生已经达到四级水平，通过学习可以向五级、六级水平发展。针对不同层次的学生，教师可以设置不同的教学目标、教学内容和教学方法。

2 教学设计

在教学中，结合“轮滑标准”的教学理念，以促进学生全面发展为目标，以激发学生兴趣为引导，通过科学、系统的教学设计，提升学生的轮滑运动能力，促进学生身心健康发展。轮滑课程教学设计主要包括模块教学设计、单元教学设计和课时教学设计三部分。

（1）轮滑模块教学设计

轮滑课程学生运动能力按难度逐级进阶设定了 6 个等级。与这 6 个等级相对应，将轮滑项目教学内容分为 6 个模块：模块一和模块二为夯实基础期，对应运动能力的一级和二级；模块三和模块四为提高能力期，对应运动能力的三级和四级；模块五和模块六为发展特长期，对应运动能力的五级和六级。6 个模块内容纵向衔接，层层递进。

在进行轮滑项目模块教学设计时，教师还应考虑以下关键点：首先，根据学生的实际情况，挑选适合他们的模块进行教学；其次，重视阶段性评估，以便及时对教学方案进行反馈和调整；最后，确保轮滑教学内容的全面性，根据学生的学习进度，合理安排每个模块的知识学习、技能练习、体能练习等。

（2）轮滑单元教学设计

轮滑单元教学设计遵循每个模块的教学框架，将模块内容划分为几个相互关联的大单元，并进一步将这些内容分配到每次课程的教学计划中。依据《义务教育体育与健康课程标准（2022年版）》中的“健康第一”和“教会、勤练、常赛”的课程理念，每个单元均设置学习内容、练习内容和比赛内容，确保各个单元的学习、练习和比赛内容能够有机地结合在一起。

在进行轮滑单元教学设计时，教师需重点考虑以下方面：首先，依据教学对象和单元学习内容，合理安排总课时数，考虑到不同教学阶段和学生学习能力的差异，课时数量应做出适当调整；其次，确保每个课时的教学目标能够具体反映单元目标，且各课时目标之间应呈现逐步递进的关系；最后，应挑选恰当的教学组织形式和教学方法。

（3）轮滑课时教学设计

轮滑课时教学设计是在单元教学设计的基础上，结合学校的具体场地设施、器材资源以及班级学生的实际情况，对轮滑教学中的各个要素进行详细规划和设计，其目的是构建一个集学习、练习、竞赛和评价于一体的轮滑课程教学体系，从而形成一个完整的课堂教学实施方案。

在进行轮滑课时教学设计时，需要特别关注以下几个关键要素：首先，应设定具体、可衡量的教学目标，并灵活运用多种教学手段和方法，以情境式深度教学的方式，激发学生的学习兴趣和参与热情。其次，应合理安排学生的运动负荷和练习密度，确保学生在安全的前提下，能够充分参与轮滑学练，从而达到最佳的学练效果。最后，应注重课堂过程性评价，通过观察、记录和反馈，及时了解学生的学习进展和存在的问题，从而调整教学策略，帮助学生在轮滑学练中不断进步和成长。

3 教学方法

教学中采用多样化的、适宜的教学方法可以帮助学生更好地发挥自己的优势，弥补自己的不足，提高学习效果。在轮滑课程中，教师可以根据学生的身体状况、心理特征、兴趣爱好等方面的差异，采用不同的教学方法和手段进行教学。例如，对于身体素质较差的学生，教师可以采用渐进式的教学方法，逐步提高学生的身体素质；对于心理素质较差的学生，教师可以采用鼓励式的教学方法，帮助学生建立自信、提升勇气；对于兴趣浓厚的学生，教师可以采用拓展式的教学方法，引导学生深入学习和探索轮滑的乐趣。基于学生的运动能力差异，轮滑课程教学可以更加适宜每个学生的发展需求，根据学生不同的运动能力水平，更有针对性地安排教学内容和练习方法。

（二）可应用于体育中考

对于将轮滑列为体育中考项目的地区，“轮滑标准”可以优化考试方案、提升公平性、丰富选择性。“轮滑标准”不仅能够更好地评估学生的轮滑运动能力，还能够促进轮滑课程的普及和发展。

1 优化考试方案

将“轮滑标准”作为参考依据，可以对体育中考考试方案进行优化。通过调整考试内容，确保其更准确地评估学生的轮滑技能掌握情况和运动能力形成情况。

2 提升公平性

“轮滑标准”的引入，有助于消除地域、学校之间的差异，确保所有学生在相同的标准下接受评价。这不仅能够增强考试的公正性和公平性，还能够促进各地、各学校之间轮滑教学的交流与合作，还能够比较不同区域间学生轮滑水平的差异。

3 丰富选择性

将轮滑测评纳入体育中考，可以为学生提供更多的选择机会。学生可以根据自己的兴趣和特长选择是否参加轮滑考试，有助于促进学生的个性化和多元化发展。

（三）可应用于质量监测

“轮滑标准”可应用于质量监测，为监测学生体能提供明确的指标，还能在此基础上增加对专项运动能力的监测，有助于提升教育质量，促进区域比较，并为教育决策提供可靠依据。

1 使体育教育质量监测更科学

通过这一标准，教师可以更加准确地评估学生的轮滑运动能力水平，从而制订更有针对性的教学计划。同时，学生也能根据自己的实际情况，选择适合自己的学习内容和进度，提高学习效果。

2 全面评价学生轮滑运动能力

在过去，体育教育往往只关注学生的体能水平，而忽视了专项运动能力。通过增加对专项运动能力的监测，我们可以更加全面地了解学生的轮滑运动能力，从而更好地指导学生的学习和锻炼，促进学生轮滑运动能力的提高。

3 促进区域比较

标准是全国统一的，不同地区、不同学校的学生都可以按照相同的标准进行测评。我们可以更加客观地比较不同地区、不同学校之间的轮滑教育水平，有针对性地提出可行的解决方案。例如，统计各地区学习轮滑的学生有多少达到了二级水平，各地区学习轮滑并达到二级水平的学生占全体学生的比例等。通过达到不同等级的比例数据，就能够比较区域体育教育质量的差异。

4 为教育决策提供可靠依据

通过对学生轮滑运动能力的科学评价，教师可以了解学生在轮滑学习中的优势与不足，进而调整教学计划和策略，提高教育质量。同时，这一结果也可以作为教育评估的重要指标之一，为教育政策的制定和调整提供有力支持。

（四）可应用于督导评估

“轮滑标准”的制定和实施，不仅能准确评估学生的轮滑运动能力，还能有效反映学校体育发展的整体水平。对于督导评估学校体育发展水平以及推动轮滑教育的质量提升具有重要意义。在学校体育督导评估指标体系中，可以将学生运动能力应达到的等级作为其中一项重要指标，使督导评估工作更加客观、精准，也更能反映学校体育发展水平。

1 课程建设

通过轮滑课程学生运动能力测评，可以检验轮滑课程的教学内容、教学方法是否科学合理，能否满足学生的实际需求，进而推动轮滑课程建设的不断完善和优化。

2 师资强化

轮滑课程学生运动能力测评的结果可以反映教师的教学水平和专业能力。通过对测试结果的分析，可以发现教师在教学中的优势和不足，进而有针对性地开展培训，提升教师专业能力。

3 学生参与

轮滑课程学生运动能力测评可以激发学生参与轮滑运动的兴趣。通过参与测试，学生可以了解自己的轮滑运动水平，明确学习目标和方向。同时，测试结果也可以作为选拔优秀学生参加更高级别比赛或活动的重要依据。

4 条件改善

轮滑课程学生运动能力测评对场地、器材等设施条件提出了一定的要求，这有助于推动学校加大对体育设施建设的投入力度，改善体育教学条件，为学生提供更好的体育锻炼环境。

三、实施保障

（一）规范测评方法

学生运动能力测评是一个复杂的过程，只有测评方法合理，测评结果的准确度才会有保障。第一，测评需要有专业的场地、器材，场地、器材既要符合测评相应等级的要求，也要与学生的年龄特点和发展实际相一致。第二，测评需要有专业的测评员，测评员不仅要懂得轮滑各等级测评内容、达标要求、测评步骤等，还要具有公平、公正的测评专业素养，这是测评工作能够合理、有序开展的重要保障。第三，测评手段要多元化，从人工到智能的方式逐渐过渡，最终采用智能的方式测评学生的运动能力发展水平。在初期智能测评工具开发尚不完善的时候，可以通过人工测评的方式实施测评工作。随着智能测评工具的不断开发和完善，智能测评应逐渐渗透其中。智能测评不仅能够在一定程度上减轻人工测评的负担、降低组织测评工作的复杂性，而且还能够提升测评的客观性和精准度，并通过大数据对测评结果做及时反馈，同时大大提高运动能力标准的普及程度和应用范围。

（二）加强培训

为了确保“轮滑标准”在全国范围内有效推广和应用，提升轮滑课程教学质量和测评教师的专业素养，需要加强测评教师的培训工作。在培训目标方面，要让教师深入理解“轮滑标准”的核心理念和测评要求，掌握轮滑课程学生运动能力测评的具体方法和技巧，提升测评教师的专业素养和教学能力，确保测评工作的准确性和公正性。在培训内容方面，可以采用理论与实践相结合的形式，将标准培训与教学改革相结合，让教师了解“轮滑标准”建设的要求，加强测评工作的规范性，交流学习如何通过教学让学生达到相应的运动能力等级。在培训形式方面，可以采用线上线下相结合的方式。线上培训可依靠数智赋能，提供线上视频教程、在线答疑等服务，方便教师随时随地进行学习；线下培训可组织集中培训，邀请专家授课和现场指导，确保教师能够全面掌握测评技能和教学方法。总之，通过“轮滑标准”

的培训，能够提升测评教师的专业素养和教学能力，为“轮滑标准”的推广和应用奠定坚实基础。

（三）开展试点

试点工作开展前，项目组核心成员需要制定规范的测评员培训和考核办法，在测评员了解“轮滑标准”的测评流程和评定办法的前提下开展测评工作。试点工作的实施，第一是确立试点区和试点校。可以在前期已经确立的试点区和试点校中开展试点工作，也可以在后续征集试点区和试点校的活动中扩大试点范围，其目的是能够让更多的区域和学校会用标准、用好标准，使标准更好地服务于学生的全面发展，促进学校体育高质量发展。第二是研制试点工作方案，包括教学改革试点工作方案、质量监测试点工作方案、体育中考试点工作方案、督导评估试点工作方案等，有组织地开展试点工作才能更有成效，并通过方案实施获取有益经验。第三是组织开展试点工作实践，不同的试点区和试点校可以结合区域和学校实际情况选择一种或多种试点方案，组织开展试点工作，在试点工作实践中不断优化试点工作。第四是组织开展试点经验展示交流活动，让有经验的试点区和试点校作为示范典型在全国范围内宣传和推广，让其他地区和学校学习借鉴，使标准发挥更大的作用。

第二章 轮滑课程学生运动能力一级测评

一、一级达标要求

4.2.1　一级达标要求

4.2.1.1　一级测评内容及要求应符合表 1 的要求。

表 1　一级测评内容及要求

测评内容		观测点	合格要求	
单个动作	八字滑停	滑行要求	滑停时，双脚呈八字型； 6 s 内通过加速区	滑停距离： ≤6 m
		身体表现	途中无摔倒	
	葫芦滑行	滑行要求	双脚未离开地面； 路线为圆弧线	滑行时间： 男≤10 s；女≤11 s
		身体表现	途中无摔倒	
成套动作	200 m 滑行	滑行要求	直道运用侧蹬滑行； 弯道运用平行转弯； 滑行 4 圈	滑行时间： 男≤90 s；女≤95 s
		滑行区域	未缩短滑行距离	
		身体表现	途中无摔倒	

4.2.1.2　一级应达到表 1 规定的合格要求，每名测评员均判定合格为达标。

1 单个动作——八字滑停

受测者在滑行过程中，上身直立，两臂侧平举，重心位于双脚之间，双脚间距宽于肩，保持内八字，双脚向内侧施压，减速直至滑停。（图 2-1）

图 2-1　八字滑停

② 单个动作——葫芦滑行

受测者在滑行过程中，上身直立，两臂侧平举，双膝微屈，双脚呈外八字站立，重心位于双脚之间。双脚滑出后，双脚跟有节奏地发力，画圆弧，完成“O”形滑行，双脚顺势收回，脚尖靠拢。（图 2-2）

图 2-2　葫芦滑行

③ 成套动作——200 m 滑行

受测者在直道运用测蹬滑行，弯道运用平行转弯，沿逆时针方向滑行 4 圈。

（1）侧蹬滑行：在基本姿势基础上，重心落在支撑腿上，保持鼻、膝、脚尖三点成一条垂线，侧蹬腿向侧方蹬出后收回，双脚平行靠拢，借助惯性滑行，双腿交替蹬地滑行。（图 2-3）

图 2-3　侧蹬滑行

（2）平行转弯：在惯性滑行下，上身自然前倾，重心位于近圆心支撑腿的正上方，肩、髋、膝、踝两端连线与地面保持水平，双脚平行开立，略宽于肩，内侧脚压外刃，外侧脚压内刃，目视转弯方向。（图 2–4）

图 2–4　平行转弯

二、一级测评方法

（一）单个动作——八字滑停

5.1.1　**单个动作——八字滑停**

5.1.1.1　**场地器材与装备**

测评场地、器材与装备按如下规定：

a)　场地：硬质平整地面，28 m×10 m 的测评区，划分 4 个区：准备区 2 m×10 m、加速区 8 m×10 m、评测区 6 m×10 m、缓冲区 12 m×10 m；

b)　器材：50 m 钢卷尺 1 把、秒表 1 块、哨子 1 个、宽 5 cm 胶带、手旗 1 个；

c)　装备：轮滑鞋应符合 GB/T 20096—2021 的规定，且轮架与轮子结构多变："T"字型、"一"字型、"H"字型（轮子直径小于或等于 80 mm，轮架长度小于或等于 243 mm）、护具（头盔、护膝、护肘、护手）。

5.1.1.2　**测评员工作**

测评工作由 2 名测评员完成。其测评工作包括但不限于：

a)　2 名测评员站位如图 1 所示；

b)　1 号测评员发令、计时，同时观察受测者观测点完成情况；

c)　2 号测评员记录完全停止位置，同时观察受测者观测点完成情况；

d)　测试结束，测评员根据受测者观测点完成情况和滑停距离，取 2 次中个人最好成绩，评定其是否合格。

5.1.1.3　**测试步骤**

受测者测试步骤如下：

a)　佩戴完整装备，至准备区，举手示意，听到测试指令后开始测试，如图 1 所示；

b)　在 6 s 内通过加速区，运用八字滑停在评测区完成滑停；

c） 完全停止，测试结束。

每名受测者 2 次测试机会。

单位为米

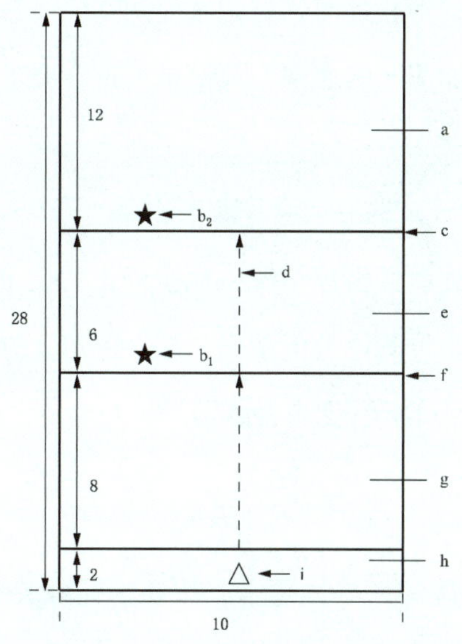

标引序号说明：

a ——缓冲区；
b_1、b_2——测评员位置；
c ——合格线；
d ——滑行轨迹；
e ——评测区；
f ——滑停线；
g ——加速区；
h ——准备区；
i ——受测者位置。

图 1 八字滑停测试示意图

解读

1 测评员工作

共 2 名测评员，站位如图 1 所示。

（1）测评前，测评员讲解测评内容及要求，并检查所有受测者的装备。

（2）测评中，测评员就位，分工如下：

① 1 号测评员

a. 一手持手旗，另一手持秒表，手臂夹持记录表。

b. 举旗示意受测者和2号测评员准备后，平举手旗，准备吹哨发令。

c. 哨声响起，同时下划手旗，开始计时。

d. 受测者经过滑停线，停止计时，并记录时间。

e. 全程观察受测者在加速区的表现，并记录不符合要求的情况。

②2号测评员

a. 待1号测评员举旗后，举手示意并准备测评。

b. 全程观察受测者在评测区滑停情况，完全停止后记录成绩。

c. 测评结束后，汇总1号测评员记录表，综合评定受测者是否合格。

（3）测评后，2号测评员指引受测者离场。

2 测试步骤

受测者应在测试前明确测评具体要求，按要求穿戴装备，每位受测者有2次测试机会。具体测试步骤如下：

（1）受测者在准备区等待，待1号测评员举旗时，向测评员举手示意。

（2）听到1号测评员哨声出发，按照规定要求完成测评内容。

（3）完成测评后回到准备区，准备第2次测评。

（4）2次测评均完成后，经测评员指引离场。

（二）单个动作——葫芦滑行

5.1.2 单个动作——葫芦滑行

5.1.2.1 场地器材与装备

测评场地、器材与装备按如下规定：

a） 场地：硬质平整地面，28 m×10 m 的测评区，划分3个区：准备区 2 m×10 m、评测区 18 m×10 m、缓冲区 8 m×10 m；

b） 器材：同5.1.1.1b）；

c） 装备：同5.1.1.1c）。

5.1.2.2 测评员工作

测评工作由2名测评员完成。其测评工作包括但不限于：

a） 2 名测评员站位如图 2 所示；

b） 1 号测评员发令；

c） 2 号测评员计时、记录成绩，同时观察受测者观测点完成情况，受测者通过终点线计时停止；

d） 测试结束，测评员根据受测者观测点完成情况和滑行时间，取 2 次中个人最好成绩，评定其是否合格。

5.1.2.3 测试步骤

受测者测试步骤如下：

a） 佩戴完整装备，至起点线后，举手示意，听到测试指令后开始测试，如图 2 所示；

b） 在评测区，运用葫芦滑行由起点线滑至终点线；

c） 通过终点线计时停止，测试结束。

每名受测者 2 次测试机会。

单位为米

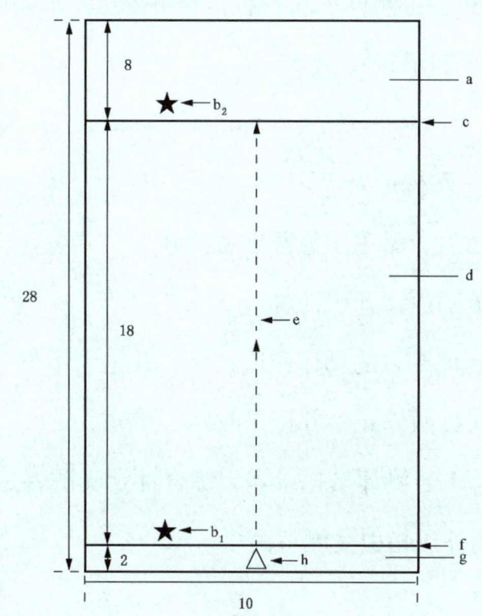

标引序号说明：

a ——缓冲区；

b_1、b_2——测评员位置；

c ——终点线；

d ——评测区；

e ——滑行轨迹；

f ——起点线；

g ——准备区；

h ——受测者位置。

图 2 葫芦滑行测试示意图

1 测评员工作

共 2 名测评员，站位如图 2 所示。

（1）测评前，测评员讲解测评内容及要求，并检查所有受测者的装备。

（2）测评中，测评员就位，分工如下：

①1 号测评员

a. 一手持手旗，另一手持哨子，手臂夹持记录表。

b. 举旗示意受测者和 2 号测评员准备后，平举手旗，准备吹哨发令。

c. 哨声响起，同时下划手旗。

②2 号测评员

a. 一手持秒表，另一手持记录表。

b. 待 1 号测评员举旗后，举手示意并准备测评。

c. 当听到 1 号测评员哨声，开始计时。

d. 全程观察受测者在评测区的动作完成情况，并记录不符合要求的情况。

e. 受测者通过终点线计时停止，并记录时间。

f. 测评结束后，汇总 1 号测评员记录表，综合评定受测者是否合格。

（3）测评后，2 号测评员指引受测者离场。

2 测试步骤

受测者应在测试前明确测评具体要求，按要求穿戴装备，每位受测者有 2 次测试机会。具体测试步骤如下：

（1）受测者在准备区等待，待 1 号测评员举旗时，向测评员举手示意。

（2）听到 1 号测评员哨声发出，按照规定要求完成测评内容。

（3）完成测评后回到准备区，准备第 2 次测评。

（4）2 次测评均完成后，经测评员指引离场。

（三）成套动作——200 m滑行

5.1.3 成套动作——200 m滑行

5.1.3.1 场地器材与装备

测评场地、器材与装备按如下规定：

a) 场地：硬质平整地面，37 m×16 m 的测评区，跑道宽度为 3 m，弯道半径 4.5 m，单个弯道长度 14.13 m，单个直道长度 10.87 m，周长为 50 m 的椭圆形场地（或硬质平整地面，100 m×40 m 的测评区，跑道宽度为 7 m，弯道半径 13 m，单个弯道长度 40.84 m，单个直道长度59.16 m）；

b) 器材：同 5.1.1.1b）；

c) 装备：同 5.1.1.1c）。

5.1.3.2 测评员工作

测评工作由 3 名测评员完成。其测评工作包括但不限于：

a) 3 名测评员站位如图 3 所示；

b) 1 号测评员发令、计时、记录成绩，同时观察受测者观测点完成情况，受测者滑行 4 圈后通过终点线计时停止；

c) 2 号、3 号测评员观察受测者弯道观测点完成情况；

d) 测试结束，测评员根据受测者观测点完成情况和滑行时间，取 2 次中个人最好成绩，评定其是否合格。

5.1.3.3 测试步骤

受测者测试步骤如下：

a) 佩戴完整装备，至起点线后，举手示意，听到测试指令后开始测试，如图 3 所示；

b) 在评测区，直道运用侧蹬滑行，弯道运用平行转弯，沿逆时针方向滑行 4 圈；

c) 通过终点线计时停止，测试结束。

每名受测者 2 次测试机会。

单位为米

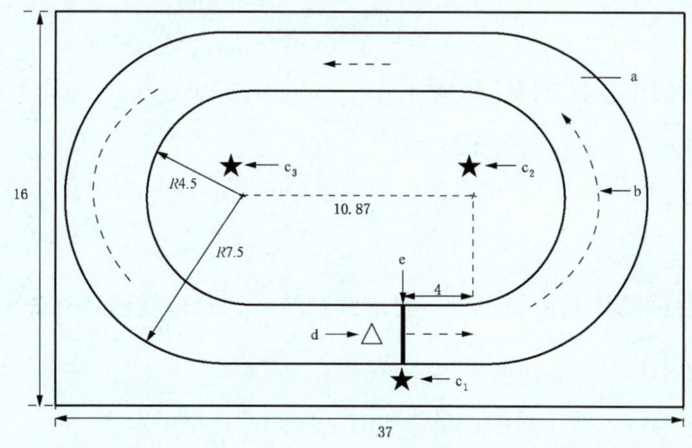

标引序号说明：

a ——评测区；

b ——滑行轨迹；

c_1、c_2、c_3 ——测评员位置；

d ——受测者位置；

e ——起/终点线。

图 3 200 m 滑行测试示意图

1 测评员工作

共3名测评员，站位如图3所示。

（1）测评前，测评员讲解测评内容及要求，并检查所有受测者的装备。

（2）测评中，测评员就位，分工如下：

①1号测评员

a. 一手持手旗，另一手持秒表，手臂夹持记录表。

b. 举旗示意受测者和1号、2号测评员准备后，平举手旗，准备吹哨发令。

c. 哨声响起，同时下划手旗，开始计时。

d. 提示受测者剩余圈数。

e. 受测者通过终点线计时停止，并记录时间。

f. 2次测评完成后，汇总2号、3号测评员的记录表，综合评定受测者是否合格。

②2号测评员

a. 位于第1个弯道，待1号测评员举旗后，举手示意并准备测评。

b. 全程观察受测者在评测区的动作完成情况，并记录不符合要求的情况。

c. 测评结束后，将记录表汇总至1号测评员。

③3号测评员

位于第2个弯道，其他工作职责同2号测评员。

（3）测评后，1号测评员指引受测者离场。

2 测试步骤

受测者应在测试前明确测评具体要求，按要求穿戴装备，每位受测者有2次测试机会。具体测试步骤如下：

（1）受测者在准备区等待，待1号测评员举旗时，向测评员举手示意。

（2）听到1号测评员哨声出发，按照规定要求完成测评内容。

（3）完成测评后回到准备区，准备第 2 次测评。

（4）2 次测评均完成后，经测评员指引离场。

三、一级测评工具

（一）成绩记录表

测评员应对每名受测者的实际表现进行评判并记录。每项测评内容的各观测点均达合格要求即为合格。八字滑停成绩记录表如表 2-1 所示，葫芦滑行成绩记录表如表 2-2 所示，200 m 滑行成绩记录表如表 2-3 所示。

表 2-1　八字滑停成绩记录表

姓名	性别	观测点			合格情况
		滑行要求（滑停时，双脚呈八字形；6 s 内通过加速区）	身体表现（途中无摔倒）	滑停距离（≤ 6 m）	
×××	女	√	√	√	√
×××	男	√	×	√	×
注：若受测者表现达到合格要求，在相应位置画“√”；不合格画“×”					
测评员：		记录时间：　年　月　日			

表 2-2　葫芦滑行成绩记录表

姓名	性别	观测点			合格情况
		滑行要求（双脚未离开地面；路线为圆弧线）	身体表现（途中无摔倒）	滑行时间（男≤ 10 s；女≤ 11 s）	
×××	女	√	√	√	√
×××	男	√	√	√	√
注：若受测者表现达到合格要求，在相应位置画“√”；不合格画“×”					
测评员：		记录时间：　年　月　日			

表 2-3　200 m 滑行成绩记录表

姓名	性别	观测点				合格情况
		滑行要求（直道运用侧蹬滑行；弯道运用平行转弯；滑行 4 圈）	滑行区域（未缩短滑行距离）	身体表现（途中无摔倒）	滑行时间（男≤ 90 s；女≤ 95 s）	
×××	女	√	√	√	√	√
×××	男	√	√	√	×	×
注：若受测者表现达到合格要求，在相应位置画“√”；不合格画“×”						
测评员：		记录时间：　年　月　日				

（二）达标记录表

测评员应根据每名受测者各项测评内容的合格情况，对其达标情况作出评判。各项测评内容均合格为达标。轮滑一级测评达标记录表如表 2-4 所示。

表 2-4　轮滑一级测评达标记录表

姓名	各项测评内容合格情况			达标情况
	八字滑停	葫芦滑行	200 m 滑行	
×××	√	√	√	√
×××	×	√	×	×
注：各项测评内容均合格为达标；根据受测者合格情况和达标情况在相应位置画“√”或“×”				
测评员：	记录时间：　年　月　日			

四、一级测评操作视频

一级测评操作视频

第三章 轮滑课程学生运动能力二级测评

一、二级达标要求

4.2.2　二级达标要求

4.2.2.1　二级测评内容及要求应符合表 2 的要求。

表 2　二级测评内容及要求

测评内容		观测点	合格要求	
单个动作	单腿支撑滑行	滑行要求	上身直立，两臂侧平举，浮腿位于体侧；正刃直线滑行	滑行距离：男≥18 m；女≥16 m
		身体表现	途中无摔倒	
	倒滑	滑行要求	侧身向后看；直线滑行	滑行时间：男≤12 s；女≤13 s
		身体表现	途中无摔倒	
成套动作	直线组合滑行	滑行要求	动作次序正确；侧蹬滑行蹬摆协调；倒滑侧身向后看；折返 3 次	滑行时间：男≤72 s；女≤75 s
		滑行区域	绕过折返区	
		身体表现	途中无摔倒	

4.2.2.2　二级应达到表 2 规定的合格要求，每名测评员均判定合格为达标。

1 单个动作——单腿支撑滑行

受测者上身直立，两臂侧平举，借助惯性滑行，重心位于支撑腿正上方，鼻、膝、脚尖三点一线，保持正刃滑行，浮腿在支撑腿侧后方。（图 3–1）

（1）正面图　　（2）侧面图

图 3-1　单腿支撑滑行

2 单个动作——倒滑

受测者上身直立，两臂侧平举，转髋转肩转头，重心位于双脚之间，保持侧身向后看，重心落在支撑腿上，侧蹬腿向侧前方蹬出，蹬出后收腿还原至双脚平行，转移重心，重复做上述动作。（图 3-2）

图 3-2　倒滑

3 成套动作——直线组合滑行

（1）侧蹬摆臂滑行：受测者保持蹲立姿势，重心位于支撑腿正上方，侧蹬腿向侧方蹬出，同时同侧手臂向前摆动与鼻齐平，肘自然下垂，异侧手臂向后摆动。

（2）丁字步滑停：受测者上身直立，两臂侧平举，重心位于支撑腿正上方，双腿前后成弓步，后脚与前脚成 90°，后脚内刃着地向下施压并拖动，减速直至停止。

（3）倒向侧蹬滑行：受测者上身直立，两臂位于体侧，转髋转肩转头，重心位于双脚之间，保持侧身向后看，重心位于支撑腿，侧蹬腿向侧前方蹬出，蹬出后收腿还原至双脚平行，转移重心，重复做上述动作。

（4）倒丁字步滑停：受测者上身直立，两臂位于体侧，重心位于支撑腿，双腿

前后成弓步，后脚与前脚成 90°，后脚内刃向后铲地制动，减速直至停止。（图 3–3）

（1）侧蹬摆臂滑行

a. 正面图　　b. 侧面图

（2）丁字步滑停

（3）倒向侧蹬滑行

（4）倒丁字步滑停

图 3–3　直线组合滑行

二、二级测评方法

（一）单个动作——单腿支撑滑行

5.2.1　单个动作——单腿支撑滑行

5.2.1.1　场地器材与装备

测评场地、器材与装备按如下规定：

a) 场地：硬质平整地面，28 m×10 m 的测评区，划分 4 个区：准备区 2 m×10 m、加速区 8 m×10 m、评测区 14 m×10 m(每隔 1 m 一个标识线)、缓冲区 4 m×10 m；

b) 器材：50 m 钢卷尺 1 把、哨子 1 个、宽 5 cm 胶带、手旗 1 个；

c) 装备：单排轮滑鞋应符合 GB/T 20096—2021 的规定(轮子直径小于或等于 80 mm，轮架长度小于或等于 243 mm)、护具(头盔、护膝、护肘、护手)。

5.2.1.2　测评员工作

测评工作由 2 名测评员完成。其测评工作包括但不限于：

a) 2 名测评员站位如图 4 所示；

b) 1 号测评员发令，同时观察受测者观测点完成情况；

c) 2 号测评员分别记录受测者左、右腿滑行距离；

d) 测试结束，测评员根据受测者观测点完成情况和滑行距离，取 2 次中个人最好成绩，评定其是否合格。

5.2.1.3　测试步骤

受测者测试步骤如下：

a) 佩戴完整装备，至准备区，举手示意，听到测试指令后开始测试，如图 4 所示；

b) 通过加速区，运用单腿支撑滑行通过评测区；

c) 左、右腿各完成 1 次，测试结束。

每名受测者 2 次测试机会。

单位为米

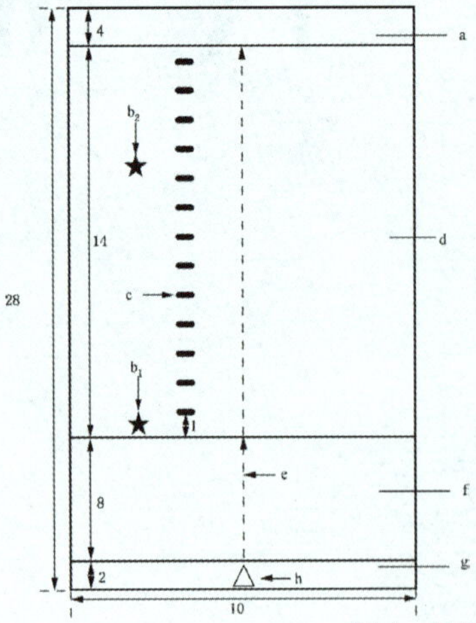

标引序号说明：

a ——缓冲区；

b_1、b_2 ——测评员位置；

c ——标识线；

d ——评测区；

e ——滑行轨迹；

f ——加速区；

g ——准备区；

h ——受测者位置。

图 4　单腿支撑滑行测试示意图

1 测评员工作

共 2 名测评员，站位如图 4 所示。

（1）测评前，测评员讲解测评内容及要求，并检查所有受测者的装备。

（2）测评中，测评员就位，分工如下：

① 1 号测评员

a. 一手持旗，另一手持哨子。

b. 举旗示意受测者和 2 号测评员准备后，平举手旗，准备吹哨发令。

c. 哨声响起，同时下划手旗。

d. 全程观察受测者在起点线的动作完成情况，并记录不符合要求的情况。

② 2 号测评员

a. 待 1 号测评员举旗后，举手示意并准备测评。

b. 全程观察受测者在评测区滑行情况，并记录滑行距离。

c. 测评结束后，汇总 1 号测评员记录表，综合评定受测者是否合格。

（3）测评后，2 号测评员指引受测者离场。

2 测试步骤

受测者应在测试前明确测评具体要求，按要求穿戴装备，每位受测者有 2 次测试机会。具体测试步骤如下：

（1）受测者在准备区等待，待 1 号测评员举旗时，向测评员举手示意。

（2）听到 1 号测评员哨声出发，按照规定要求完成测评内容。

（3）完成测评后回到准备区，准备第 2 次测评。

（4）2 次测评均完成后，经测评员指引离场。

（二）单个动作——倒滑

5.2.2 单个动作——倒滑

5.2.2.1 场地器材与装备

测评场地、器材与装备按如下规定：

a）场地：硬质平整地面，28 m×10 m 的测评区，划分 3 个区：准备区 2 m×10 m、评测区 18 m×10 m、缓冲区 8 m×10 m；

b）器材：同 5.1.1.1b）；

c）装备：同 5.2.1.1c）。

5.2.2.2 测评员工作

测评工作由 2 名测评员完成。其测评工作包括但不限于：

a）2 名测评员站位如图 5 所示；

b）1 号测评员发令；

c）2 号测评员计时、记录成绩，同时观察受测者观测点完成情况，受测者通过终点线计时停止；

d）测试结束，测评员根据受测者观测点完成情况和滑行时间，取 2 次中个人最好成绩，评定其是否合格。

5.2.2.3 测试步骤

受测者测试步骤如下：

a）佩戴完整装备，至起点线后，举手示意，听到测试指令后开始测试，如图 5 所示；

b）在评测区，运用倒滑由起点线滑至终点线；

c）通过终点线计时停止，测试结束。

每名受测者 2 次测试机会。

单位为米

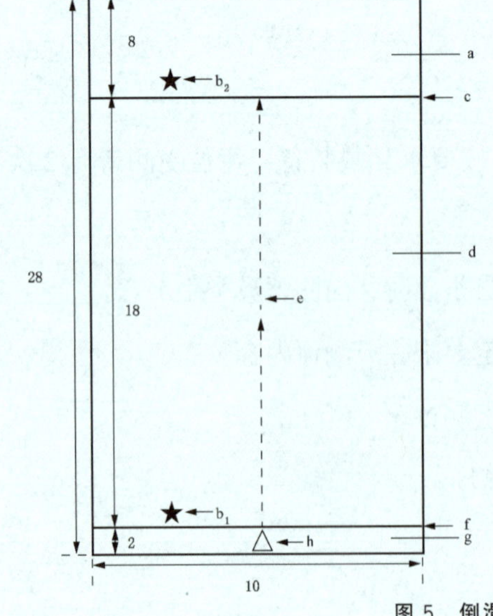

标引序号说明：

a ——缓冲区；
b_1、b_2——测评员位置；
c ——终点线；
d ——评测区；
e ——滑行轨迹；
f ——起点线；
g ——准备区；
h ——受测者位置。

图 5 倒滑测试示意图

解读

1 测评员工作

共 2 名测评员，站位如图 5 所示。

（1）测评前，测评员讲解测评内容及要求，并检查所有受测者的装备。

（2）测评中，测评员就位，分工如下：

① 1 号测评员

a. 一手持手旗，另一手持哨子。

b. 举旗示意受测者和 2 号测评员准备后，平举手旗，准备吹哨发令。

c. 哨声响起，同时下划手旗。

② 2 号测评员

a. 一手持秒表，另一手持记录表。

b. 待 1 号测评员举旗后，举手示意并准备测评。

c. 当听到 1 号测评员哨声，开始计时。

d. 全程观察受测者在评测区的动作完成情况，并记录不符合要求的情况。

e. 受测者通过评测区计时停止，并记录时间。

f. 测评结束后，综合评定受测者是否合格。

（3）测评后，2 号测评员指引受测者离场。

2 测试步骤

受测者应在测试前明确测评具体要求，按要求穿戴装备，每位受测者有 2 次测试机会。具体测试步骤如下：

（1）受测者在准备区等待，待 1 号测评员举旗时，向测评员举手示意。

（2）听到 1 号测评员哨声发出，按照规定要求完成测评内容。

（3）完成测评后回到准备区，准备第 2 次测评。

（4）2 次测评均完成后，经测评员指引离场。

（三）成套动作——直线组合滑行

5.2.3 成套动作——直线组合滑行

5.2.3.1 场地器材与装备

测评场地、器材与装备按如下规定：

a） 场地：硬质平整地面，28 m×10 m 的测评区，划分 3 个区：A 折返区 5 m×10 m、评测区 18 m×10 m、B 折返区 5 m×10 m；

b） 器材：50 m 钢卷尺 1 把、秒表 1 块、哨子 1 个、宽 5 cm 胶带、手旗 1 个、标志桶 2 个（高 48 cm）；

c） 装备：同 5.2.1.1c）。

5.2.3.2 测评员工作

测评工作由 2 名测评员完成。其测评工作包括但不限于：

a） 2 名测评员站位如图 6 所示；

b） 1 号测评员发令、计时、记录成绩，同时观察受测者 A 折返区观测点完成情况，受测者折返 3 次后计时停止；

c） 2 号测评员观察受测者 B 折返区的观测点完成情况；

d） 测试结束，测评员根据受测者观测点完成情况和滑行时间，取 2 次中个人最好成绩，评定其是否合格。

5.2.3.3 测试步骤

受测者测试步骤如下：

a） 佩戴完整装备，至 A 折返区，举手示意，听到测试指令后开始测试，如图 6 所示；

b） 在评测区运用侧蹬滑行，至 B 折返区运用丁字步滑停停止；

c） 绕过折返点，在评测区运用倒滑，至 A 折返区运用倒丁字步滑停停止；

d） 折返 3 次后，到达 A 折返区计时停止，测试结束。

每名受测者 2 次测试机会。

单位为米

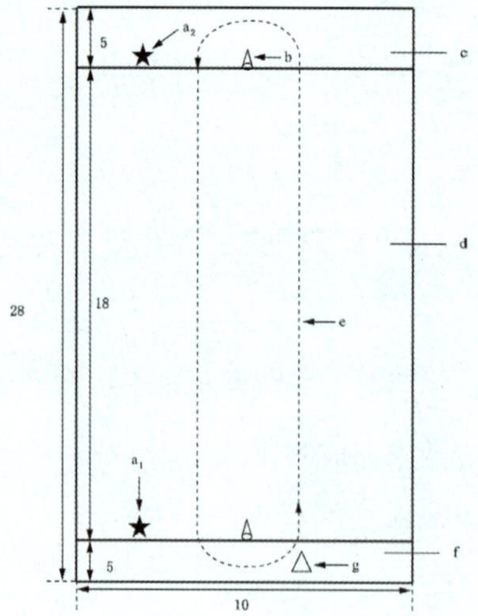

标引序号说明：

a_1、a_2 ——测评员位置；

b ——标志桶；

c ——B 折返区；

d ——评测区；

e ——滑行轨迹；

f ——A 折返区；

g ——受测者位置。

图 6 直线组合滑行测试示意图

解读

1 测评员工作

共 2 名测评员，站位如图 6 所示。

（1）测评前，测评员讲解测评内容及要求，并检查所有受测者的装备。

（2）测评中，测评员就位，分工如下：

①1 号测评员

a. 一手持手旗，另一手持秒表，手臂夹持记录表。

b. 举旗示意受测者和 2 号测评员准备后，平举手旗，准备吹哨发令。

c. 哨声响起，同时下划手旗，开始计时。

d. 受测者折返 3 次，停止计时，并记录时间。

e. 全程观察受测者在 A 折返区的表现，并记录不符合要求的情况。

②2 号测评员

a. 待 1 号测评员举旗后，举手示意并准备测评。

b. 全程观察受测者在 B 折返区的表现，并记录不符合要求的情况。

c. 测评结束后，结合 1 号测评员的记录表，综合评定受测者是否合格。

（3）测评后，2 号测评员指引受测者离场。

2 测试步骤

受测者应在测试前明确测评具体要求，按要求穿戴装备，每位受测者有 2 次测试机会。具体测试步骤如下：

（1）受测者在准备区等待，待 1 号测评员举旗时，向测评员举手示意。

（2）听到 1 号测评员哨声出发，按照规定要求完成测评内容。

（3）完成测评后回到准备区，准备第 2 次测评。

（4）2 次测评均完成后，经测评员指引离场。

三、二级测评工具

(一) 成绩记录表

测评员应对每名受测者的实际表现进行评判并记录。每项测评内容的各观测点均达合格要求即为合格，单腿支撑滑行成绩记录表如表 3-1 所示，倒滑成绩记录表如表 3-2 所示，直线组合滑行成绩记录表如表 3-3 所示。

表 3-1　单腿支撑滑行成绩记录表

姓名	性别	观测点			合格情况
		滑行要求（上身直立，两臂侧平举，浮腿位于体侧；正刃直线滑行）	身体表现（途中无摔倒）	滑行距离（男≥ 18 m；女≥ 16 m）	
× × ×	女	√	√	√	√
× × ×	男	√	√	√	√
注：若受测者表现达到合格要求，在相应位置画“√”；不合格画“ × ”					
测评员：			记录时间：　年　　月　　日		

表 3-2　倒滑成绩记录表

姓名	性别	观测点			合格情况
		滑行要求（侧身向后看；直线滑行）	身体表现（途中无摔倒）	滑行时间（男≤ 12 s；女≤ 13 s）	
× × ×	女	√	√	√	√
× × ×	男	√	√	√	√
注：若受测者表现达到合格要求，在相应位置画“√”；不合格画“ × ”					
测评员：			记录时间：　年　　月　　日		

表 3-3 直线组合滑行成绩记录表

姓名	性别	观测点				合格情况
		滑行要求（动作次序正确；侧蹬滑行蹬摆协调；倒滑侧身向后看；折返 3 次）	滑行区域（绕过折返区）	身体表现（途中无摔倒）	滑行时间（男≤ 72 s；女≤ 75 s）	
×××	女	√	√	√	√	√
×××	男	√	√	√	√	√
注：若受测者表现达到合格要求，在相应位置画“√”；不合格画“×”						
测评员：			记录时间：　年　月　日			

（二）达标记录表

测评员应根据每名受测者各项测评内容的合格情况，对其达标情况作出评判。各项测评内容均合格为达标。轮滑二级测评达标记录表如表 3-4 所示。

表 3-4 轮滑二级测评达标记录表

姓名	各项测评内容合格情况			达标情况
	单腿直线滑行	倒滑	直线组合滑行	
×××	√	√	√	√
×××	√	√	√	√
注：各项测评内容均合格为达标；根据受测者合格情况和达标情况在相应位置画“√”或“×”				
测评员：			记录时间：　年　月　日	

四、二级测评操作视频

二级测评操作视频

第四章 轮滑课程学生运动能力三级测评

一、三级达标要求

4.2.3 三级达标要求

4.2.3.1 三级测评内容及要求应符合表 3 的要求。

表 3 三级测评内容及要求

测评内容		观测点	合格要求	
单个动作	V 字起跑	滑行要求	双脚呈 V 字； 起跑时髋、膝、踝充分蹬伸	滑行时间： 男≤5 s；女≤5.5 s
		身体表现	途中无摔倒	
	交叉步滑行	滑行要求	每圈不少于 5 次交叉步滑行； 目视滑行方向；蹬摆节奏一致；滑行 3 圈	滑行时间： 男≤45 s；女≤50 s
		滑行区域	未缩短滑行距离	
		身体表现	途中无摔倒	
成套动作	折返滑行	滑行要求	动作次序正确； 折返 3 次	滑行时间： 男≤68 s；女≤70 s
		滑行区域	绕过折返区	
		身体表现	途中无摔倒	

4.2.3.2 三级应达到表 3 规定的合格要求，每名测评员均判定合格为达标。

1 单个动作——V 字起跑

受测者起跑前保持上身稳定并微微前倾，双脚呈 V 字形站立，重心位于双脚之间，保持双脚形成较大开角。起跑时，双臂用力前后摆动，双腿交替用力蹬踏，髋、膝、踝充分蹬伸向前跑动，双脚后轮落在身体中心线上，保持身体平衡、动作连贯、步幅适宜、步频一致，完成起跑动作。（图 4-1）

（1）正面图

（2）侧面图

图 4-1　V 字起跑

2 单个动作——交叉步滑行

受测者在平稳滑行的基础上，重心移至左腿，左腿外刃发力向右后方蹬地，同时右腿抬起，跨过左腿支撑滑行，重心由左腿移至右腿，右腿发力，保持交叉弓步支撑滑行。右腿内刃发力向侧后方蹬地，收回左脚向左前方支撑滑行。重复以上步骤，有节奏地连续进行交叉步滑行。（图 4-2）

图 4-2　交叉步滑行

3 成套动作——折返滑行

受测者在 A 折返区运用 V 字起跑和侧蹬滑行，至 B 折返区急转，折返后倒滑至

A 折返区运用倒丁字步滑停。

急转：受测者保持一定的滑行速度，上身稳定，目视转弯方向，重心压在靠圆心的腿上，根据滑行速度调整身体与地面的倾斜角度和重心高度，速度越快角度越小、重心越低，内侧脚压外刃，外侧脚压内刃，完成转向。(图 4-3）

图 4-3　急转

二、三级测评方法

（一）单个动作——V 字起跑

5.3.1　**单个动作——V 字起跑**

5.3.1.1　**场地器材与装备**

测评场地、器材与装备按如下规定：

a）场地：硬质平整地面，28 m×10 m 的测评区，划分 3 个区：准备区 2 m×10 m、评测区 12 m×10 m、缓冲区 14 m×10 m；

b）器材：同 5.1.1.1b)；

c）装备：同 5.2.1.1c)。

5.3.1.2　**测评员工作**

测评工作由 2 名测评员完成。其测评工作包括但不限于：

a）2 名测评员站位如图 7 所示；

b）1 号测评员发令；

c）2 号测评员计时、记录成绩，同时观察受测者观测点完成情况，受测者通过终点线计时停止；

d）测试结束，测评员根据受测者观测点完成情况和滑行时间，取 2 次中个人最好成绩，评定其是否合格。

5.3.1.3　**测试步骤**

受测者测试步骤如下：

a）佩戴完整装备，至起点线后，举手示意，听到测试指令后开始测试，如图 7 所示；

b）在评测区，运用 V 字起跑由起点线滑至终点线；

c） 通过终点线计时停止，测试结束。

每名受测者 2 次测试机会。

单位为米

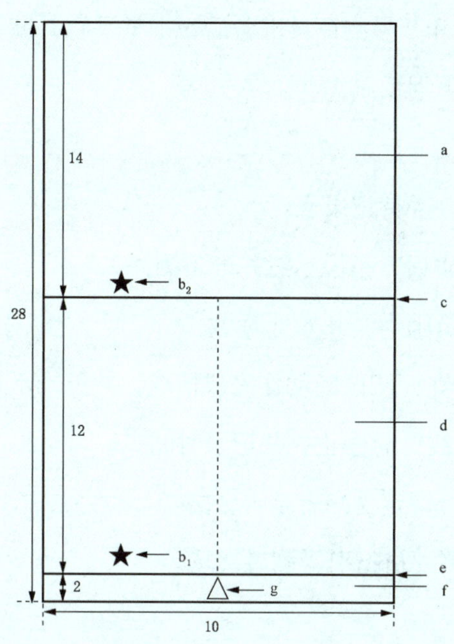

标引序号说明：

a ——缓冲区；

b_1、b_2——测评员位置；

c ——终点线；

d ——评测区；

e ——起点线；

f ——准备区；

g ——受测者位置。

图 7 V 字起跑测试示意图

1 测评员工作

共 2 名测评员，站位如图 7 所示。

（1）测评前，测评员讲解测评内容及要求，并检查所有受测者的装备。

（2）测评中，测评员就位，分工如下：

①1 号测评员

a. 一手持手旗，另一手持哨子。

b. 举旗示意受测者和 2 号测评员准备后，平举手旗，准备吹哨发令。

c. 哨声响起，同时下划手旗。

②2 号测评员

a. 一手持秒表，另一手持记录表。

b. 待 1 号测评员举旗后，举手示意并准备测评。

c. 当听到 1 号测评员哨声，开始计时。

d. 全程观察受测者在评测区的动作完成情况，并记录不符合要求的情况。

e. 受测者通过终点线计时停止，并记录时间。

f. 测评结束后，综合评定受测者是否合格。

（3）测评后，2 号测评员指引受测者离场。

2 测试步骤

受测者应在测试前明确测评具体要求，按要求穿戴装备，每位受测者有 2 次测试机会。具体测试步骤如下：

（1）受测者在准备区等待，待 1 号测评员举旗时，向测评员举手示意。

（2）听到 1 号测评员哨声发出，按照规定要求完成测评内容。

（3）完成测评后回到准备区，准备第 2 次测评。

（4）2 次测评均完成后，经测评员指引离场。

（二）单个动作——交叉步滑行

5.3.2　单个动作——交叉步滑行

5.3.2.1　场地器材与装备

测评场地、器材与装备按如下规定：

a）　场地：硬质平整地面，20 m×20 m 的测评区，内圆半径为 6 m、外圆半径为 8 m；

b）　器材：同 5.1.1.1b）；

c） 装备：同 5.2.1.1c）。

5.3.2.2 测评员工作

测评工作由 2 名测评员完成。其测评工作包括但不限于：

a） 2 名测评员站位如图 8 所示；

b） 1 号测评员发令、计时、记录成绩，同时观察受测者观测点完成情况，受测者滑行 3 圈后通过终点线计时停止；

c） 2 号测评员观察受测者观测点完成情况；

d） 测试结束，测评员根据受测者观测点完成情况和滑行时间，取 2 次中个人最好成绩，评定其是否合格。

5.3.2.3 测试步骤

受测者测试步骤如下：

a） 佩戴完整装备，至起点线后，举手示意，听到测试指令后开始测试，如图 8 所示；

b） 在评测区运用交叉步滑行，沿逆时针方向滑行 3 圈；

c） 通过终点线计时停止，测试结束。

每名受测者 2 次测试机会。

单位为米

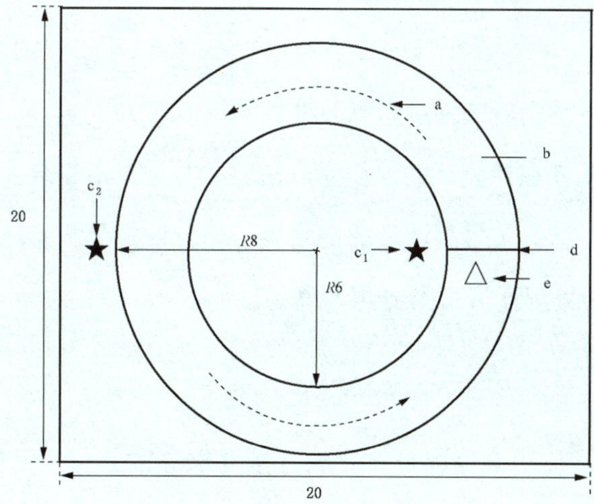

标引序号说明：

a ——滑行轨迹；

b ——评测区；

c_1、c_2 ——测评员位置；

d ——起/终点线；

e ——受测者位置。

图 8 交叉步滑行测试示意图

1 测评员工作

共 2 名测评员，站位如图 8 所示。

（1）测评前，测评员讲解测评内容及要求，并检查所有受测者的装备。

（2）测评中，测评员就位，分工如下：

① 1 号测评员

a. 一手持手旗，另一手持秒表，手臂夹持记录表。

b. 举旗示意受测者和 2 号测评员准备后，平举手旗，准备吹哨发令。

c. 哨声响起，同时下划手旗，开始计时。

d. 受测者滑行 3 圈，通过终点线停止计时，并记录时间。

② 2 号测评员

a. 待 1 号测评员举旗后，举手示意并准备测评。

b. 全程观察受测者在评测区的动作完成情况，并记录不符合要求的情况。

c. 测评结束后，结合 1 号测评员的记录表，综合评定受测者是否合格。

（3）测评后，2 号测评员指引受测者离场。

2 测试步骤

受测者应在测试前明确测评具体要求，按要求穿戴装备，每位受测者有 2 次测试机会。具体测试步骤如下：

（1）受测者在准备区等待，待 1 号测评员举旗时，向测评员举手示意。

（2）听到 1 号测评员哨声出发，按照规定要求完成测评内容。

（3）完成测评后回到准备区，准备第 2 次测评。

（4）2 次测评均完成后，经测评员指引离场。

（三）成套动作——折返滑行

5.3.3 成套动作——折返滑行

5.3.3.1 场地器材与装备

测评场地、器材与装备按如下规定：

a） 场地：同 5.2.3.1a）；

b） 器材：同 5.2.3.1b）；

c） 装备：同 5.2.1.1c）。

5.3.3.2 测评员工作

测评工作由 2 名测评员完成。其测评工作包括但不限于：

a） 2 名测评员站位如图 9 所示；

b） 1 号测评员发令、计时、记录成绩，同时观察受测者 A 折返区观测点完成情况，受测者折返 3 次后计时停止；

c） 2 号测评员观察受测者 B 折返区观测点完成情况；

d） 测试结束，测评员根据受测者观测点完成情况和滑行时间，取 2 次中个人最好成绩，评定其是否合格。

5.3.3.3 测试步骤

受测者测试步骤如下：

a） 佩戴完整装备，至 A 折返区，举手示意，听到测试指令后开始测试，如图 9 所示；

b） 在评测区运用 V 字起跑、侧蹬滑行，至 B 折返区运用急转；

c） 折返后运用倒滑，至 A 折返区运用倒丁字步滑停；

d） 折返 3 次后到达 A 折返区计时停止，测试结束。

每名受测者 2 次测试机会。

单位为米

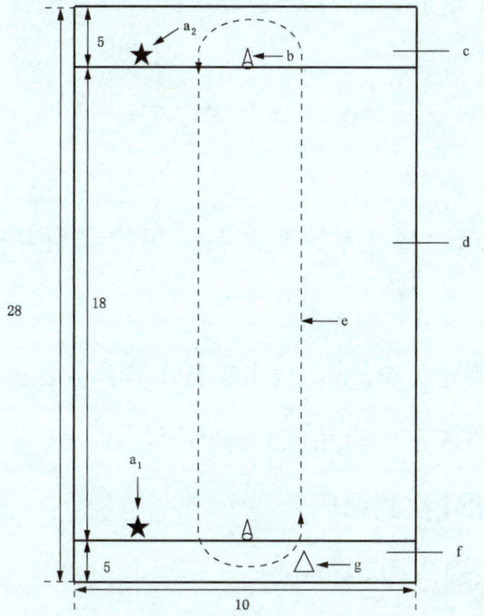

标引序号说明：

a_1、a_2——测评员位置；

b ——标志桶；

c ——B 折返区；

d ——评测区；

e ——滑行轨迹；

f ——A 折返区；

g ——受测者位置。

图 9 折返滑行测试示意图

1 测评员工作

共 2 名测评员，站位如图 9 所示。

（1）测评前，测评员讲解测评内容及要求，并检查所有受测者的装备。

（2）测评中，测评员就位，分工如下：

① 1 号测评员

a. 一手持手旗，另一手持秒表，手臂夹持记录表。

b. 举旗示意受测者和 2 号测评员准备后，平举手旗，准备吹哨发令。

c. 哨声响起，同时下划手旗，开始计时。

d. 受测者折返 3 次，停止计时，并记录时间。

e. 全程观察受测者在 A 折返区的表现，并记录不符合要求的情况。

② 2 号测评员

a. 待 1 号测评员举旗后，举手示意并准备测评。

b. 全程观察受测者在 B 折返区的表现，并记录不符合要求的情况。

c. 测评结束后，结合 1 号测评员的记录表，综合评定受测者是否合格。

（3）测评后，2 号测评员指引受测者离场。

2 测试步骤

受测者应在测试前明确测评具体要求，按要求穿戴装备，每位受测者有 2 次测试机会。具体测试步骤如下：

（1）受测者在准备区等待，待 1 号测评员举旗时，向测评员举手示意。

（2）听到 1 号测评员哨声出发，按照规定要求完成测评内容。

（3）完成测评后回到准备区，准备第 2 次测评。

（4）2 次测评均完成后，经测评员指引离场。

三、三级测评工具

（一）成绩记录表

测评员应对每名受测者的实际表现进行评判并记录。每项测评内容的各观测点均达合格要求即为合格，V 字起跑成绩记录表如表 4–1 所示，交叉步滑行成绩记录表如表 4–2 所示，折返滑行成绩记录表如表 4–3 所示。

表 4–1　V 字起跑成绩记录表

姓名	性别	观测点			合格情况
		滑行要求（双脚呈 V 字形；起跑时髋、膝、踝充分蹬伸）	身体表现（途中无摔倒）	滑行时间（男≤ 5 s；女≤ 5.5 s）	
×××	男	√	√	√	√
×××	女	√	√	√	√
注：若受测者表现达到合格要求，在相应位置画“√”；不合格画“×”					
测评员：			记录时间：　年　月　日		

表 4–2　交叉步滑行成绩记录表

姓名	性别	观测点				合格情况
		滑行要求（每圈不少于 5 次交叉步滑行；目视滑行方向；蹬摆节奏一致；滑行 3 圈）	滑行区域（未缩短滑行距离）	身体表现（途中无摔倒）	滑行时间（男≤ 45 s；女≤ 50 s）	
×××	男	√	√	√	√	√
×××	女	√	√	√	√	√
注：若受测者表现达到合格要求，在相应位置画“√”；不合格画“×”						
测评员：				记录时间：　年　月　日		

表 4-3　折返滑行成绩记录表

姓名	性别	观测点				合格情况
		滑行要求（动作次序正确；折返 3 次）	滑行区域（绕过折返区）	身体表现（途中无摔倒）	滑行时间（男≤ 68 s；女≤ 70 s）	
×××	男	√	√	√	√	√
×××	女	√	√	√	√	√
注：若受测者表现达到合格要求，在相应位置画“√”；不合格画“×”						
测评员：			记录时间：　年　月　日			

（二）达标记录表

测评员应根据每名受测者各项测评内容的合格情况，对其达标情况作出评判。各项测评内容均合格为达标。轮滑三级测评达标记录表如表 4-4 所示。

表 4-4　轮滑三级测评达标记录表

姓名	各项测评内容合格情况			达标情况
	V 字起跑	交叉步滑行	折返滑行	
×××	√	√	√	√
×××	√	√	√	√
注：各项测评内容均合格为达标；根据受测者合格情况和达标情况在相应位置画“√”或“×”				
测评员：			记录时间：　年　月　日	

四、三级测评操作视频

三级测评操作视频

第五章 轮滑课程学生运动能力四级测评

一、四级达标要求

4.2.4 四级达标要求

4.2.4.1 四级测评内容及要求应符合表4的要求。

表4 四级测评内容及要求

测评内容		观测点	合格要求	
单个动作	螺旋滑行	滑行要求	每圈不少于6次交叉步滑行； 目视滑行方向；蹬摆节奏一致； 在规定区域完成转换；滑行3圈	滑行时间： 男≤30 s；女≤35 s
		滑行区域	未缩短滑行距离	
		身体表现	途中无摔倒	
	倒向双脚蛇形绕桩	滑行要求	保持侧身向后看，双脚前后分开，无重叠； 踢、漏桩数小于或等于5个； 折返2次	滑行时间： 男≤38 s；女≤41 s
		滑行区域	绕过折返区	
		身体表现	途中无摔倒	
成套动作	300 m滑行	滑行要求	直道运用侧蹬滑行，弯道运用交叉步滑行； 滑行6圈	滑行时间： 男≤72 s；女≤75 s
		滑行区域	未缩短滑行距离	
		身体表现	途中无摔倒	

4.2.4.2 四级应达到表4规定的合格要求，每名测评员均判定合格为达标。

1 单个动作——螺旋滑行

螺旋滑行的形式可以增加弯道技术练习的比重。受测者在圆形跑道内侧滑行1

圈后继续在圆形跑道外侧进行逆时针滑行，形成螺旋滑行。滑行时，受测者在双脚交替侧蹬滑行的基础上，进一步体会和掌握弯道滑行时左脚外刃、右脚内刃支撑蹬地的技术要点。滑行时应加大双臂摆动的力量及速度，加快交叉步的压步频率，增加重心移动的幅度。

2 单个动作——倒向双脚蛇形绕桩

受测者在惯性滑行下，侧身向后看，上身直立微前倾，两臂侧平举，双脚前后成一条直线蛇形支撑，重心靠近后腿，髋关节发力，保持髋和上身朝向侧面，后腿微屈膝摆动发力，前脚跟滑。（图 5-1）

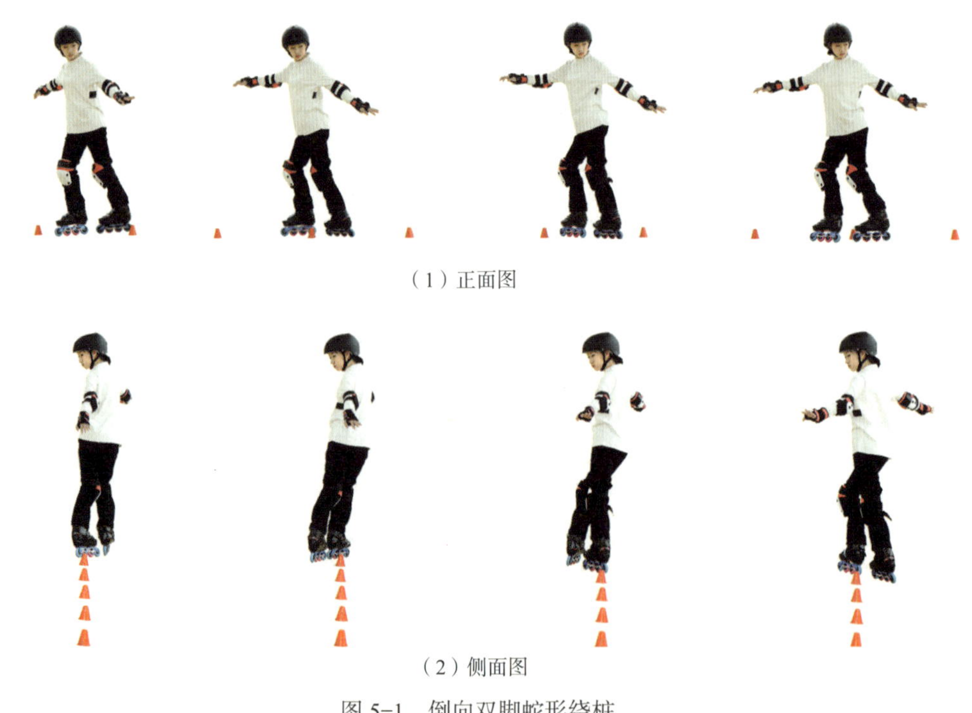

（1）正面图

（2）侧面图

图 5-1　倒向双脚蛇形绕桩

3 成套动作——300 m 滑行

受测者面向起跑线，双脚外八字站立，屈膝时保持膝盖与脚尖在同一方向，身体前倾保持稳定，进行 V 字起跑。起跑后，受测者在直道运用侧蹬滑行，在弯道运用连续交叉步滑行，完成 300 m 滑行。

二、四级测评方法

（一）单个动作——螺旋滑行

5.4.1　单个动作——螺旋滑行

5.4.1.1　场地器材与装备

测评场地、器材与装备按如下规定：

a）　场地：硬质平整地面，20 m×20 m 的测评区，半径分别为 5 m、7 m，转换区弦长 4 m；

b）　器材：同 5.1.1.1b）；

c）　装备：同 5.2.1.1c）。

5.4.1.2　测评员工作

测评工作由 2 名测评员完成。其测评工作包括但不限于：

a）　2 名测评员站位如图 10 所示；

b）　1 号测评员发令、计时、记录成绩，同时观察受测者观测点完成情况，受测者滑行 2 圈后通过终点线计时停止；

c）　2 号测评员观察受测者观测点完成情况；

d）　测试结束，测评员根据受测者观测点完成情况和滑行时间，取 2 次中个人最好成绩，评定其是否合格。

5.4.1.3　测试步骤

受测者测试步骤如下：

a）　佩戴完整装备，至起点线后，举手示意，听到测试指令后开始测试，如图 10 所示；

b）　在评测区运用交叉步滑行，沿逆时针方向，依次滑完以 5 m、7 m 为半径的两个圆，并在转换区完成滑行半径转换；

c）　通过终点线计时停止，测试结束。

每名受测者 2 次测试机会。

单位为米

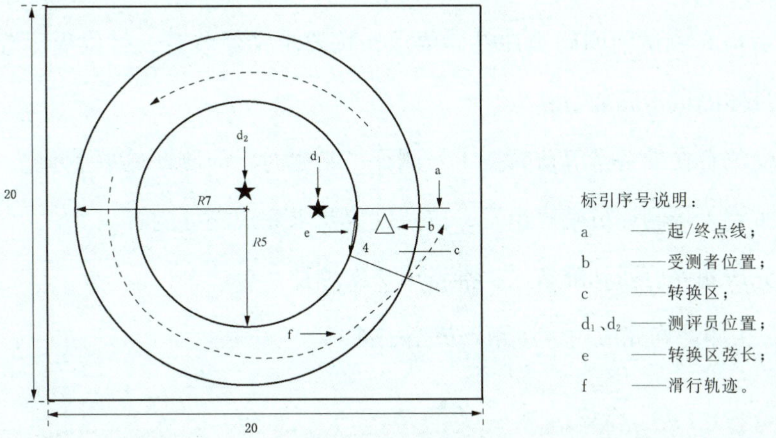

标引序号说明：

a　——起/终点线；

b　——受测者位置；

c　——转换区；

d_1、d_2　——测评员位置；

e　——转换区弦长；

f　——滑行轨迹。

图 10　螺旋滑行测试示意图

1 测评员工作

共 2 名测评员，站位如图 10 所示。

（1）测评前，测评员讲解测评内容及要求，并检查所有受测者的装备。

（2）测评中，测评员就位，分工如下：

① 1 号测评员

a. 一手持手旗，另一手持秒表，手臂夹持记录表。

b. 举旗示意受测者和 2 号测评员准备后，平举手旗，准备吹哨发令。

c. 哨声响起，同时下划手旗，开始计时。

d. 受测者滑行 2 圈计时停止，并记录时间。

② 2 号测评员

a. 待 1 号测评员举旗后，举手示意并准备测评。

b. 全程观察受测者在评测区的动作完成情况，并记录不符合要求的情况。

c. 测评结束后，结合 1 号测评员的记录表，综合评定受测者是否合格。

（3）测评后，2 号测评员指引受测者离场。

2 测试步骤

受测者应在测试前明确测评具体要求，按要求穿戴装备，每位受测者有 2 次测试机会。具体测试步骤如下：

（1）受测者在准备区等待，待 1 号测评员举旗时，向测评员举手示意。

（2）听到 1 号测评员哨声出发，按照规定要求完成测评内容。

（3）完成测评后回到准备区，准备第 2 次测评。

（4）2 次测评均完成后，经测评员指引离场。

(二)单个动作——倒向双脚蛇形绕桩

5.4.2 单个动作——倒向双脚蛇形绕桩

5.4.2.1 场地器材与装备

测评场地、器材与装备按如下规定：

a) 场地：硬质平整地面，28 m×10 m 的测评区，划分 3 个区：A 折返区 5 m×10 m、评测区 18 m×10 m(间距为 1.2 m 的 10 个桩，两排桩间距 6 m，两侧加速区各 3.6 m)、B 折返区 5 m×10 m；

b) 器材：50 m 钢卷尺 1 把、秒表 1 块、哨子 1 个、桩(高 8 cm、底座外圈直径 7.5 cm、桩顶直径 2.7 cm)20 个、桩贴(直径 7.7 cm、圆心 0.7 cm)20 个、宽 5 cm 胶带、手旗 1 个、标志桶 2 个(高 48 cm)；

c) 装备：同 5.2.1.1c)。

5.4.2.2 测评员工作

测评工作由 2 名测评员完成。其测评工作包括但不限于：

a) 2 名测评员站位如图 11 所示；

b) 1 号测评员发令、计时、记录成绩，同时观察受测者 A 折返区观测点完成情况，受测者折返 2 次后计时停止；

c) 2 号测评员观察受测者 B 折返区的观测点完成情况；

d) 测试结束，测评员根据受测者观测点完成情况和滑行时间，取 2 次中个人最好成绩，评定其是否合格。

5.4.2.3 测试步骤

受测者测试步骤如下：

a) 佩戴完整装备，至 A 折返区，举手示意，听到测试指令后开始测试，如图 11 所示；

b) 在评测区运用倒向双脚蛇形绕桩至 B 折返区；

c) 折返后运用倒向双脚蛇形绕桩至 A 折返区；

d) 折返 2 次后到达 A 折返区计时停止，测试结束。

每名受测者 2 次测试机会。

单位为米

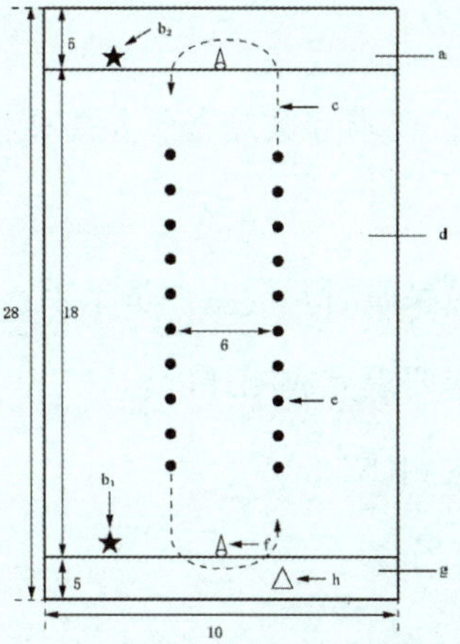

5
b_2
A
a
c
d
28
18
6
e
b_1
A
f
5
h
g
10

标引序号说明：

a ——B 折返区；

b_1、b_2 ——测评员位置；

c ——滑行轨迹；

d ——评测区；

e ——桩；

f ——标志桶；

g ——A 折返区；

h ——受测者位置。

图 11 倒向双脚蛇形绕桩测试示意图

1 测评员工作

共 2 名测评员，站位如图 11 所示。

（1）测评前，测评员讲解测评内容及要求，并检查所有受测者的装备。

（2）测评中，测评员就位，分工如下：

① 1 号测评员

a. 一手持手旗，另一手持秒表，手臂夹持记录表。

b. 举旗示意受测者和 2 号测评员准备后，平举手旗，准备吹哨发令。

c. 哨声响起，同时下划手旗，开始计时。

d. 受测者折返 2 次，停止计时，并记录时间。

e. 全程观察受测者在 A 折返区的表现，并记录不符合要求的情况。

② 2 号测评员

a. 待 1 号测评员举旗后，举手示意并准备测评。

b. 全程观察受测者在 B 折返区的表现，并记录不符合要求的情况。

c. 测评结束后，结合 1 号测评员的记录表，综合评定受测者是否合格。

（3）测评后，2 号测评员指引受测者离场。

2 测试步骤

受测者应在测试前明确测评具体要求，按要求穿戴装备，每位受测者有 2 次测试机会。具体测试步骤如下：

（1）受测者在准备区等待，待 1 号测评员举旗时，向测评员举手示意。

（2）听到 1 号测评员哨声出发，按照规定要求完成测评内容。

（3）完成测评后回到准备区，准备第 2 次测评。

（4）2 次测评均完成后，经测评员指引离场。

（三）成套动作——300 m 滑行

5.4.3 成套动作——300 m 滑行

5.4.3.1 场地器材与装备

测评场地、器材与装备按如下规定：

a） 场地：同 5.1.3.1a）；

b） 器材：同 5.1.1.1b）；

c） 装备：同 5.2.1.1c）。

5.4.3.2 测评员工作

测评工作由 3 名测评员完成。其测评工作包括但不限于：

a） 3 名测评员站位如图 12 所示；

b） 1 号测评员发令、计时、记录成绩，同时观察受测者观测点完成情况，受测者滑行 6 圈后通过终点线计时停止；

c） 2 号、3 号测评员观察受测者弯道观测点完成情况；

d） 测试结束，测评员根据受测者观测点完成情况和滑行时间，取 2 次中个人最好成绩，评定其是否合格。

5.4.3.3 测试步骤

受测者测试步骤如下：

a） 佩戴完整装备，至起点线后，举手示意，听到测试指令后开始测试，如图 12 所示；

b） 在评测区直道运用侧蹬滑行，弯道运用交叉步滑行，沿逆时针方向滑行 6 圈；

c） 通过终点线计时停止，测试结束。

每名受测者 2 次测试机会。

单位为米

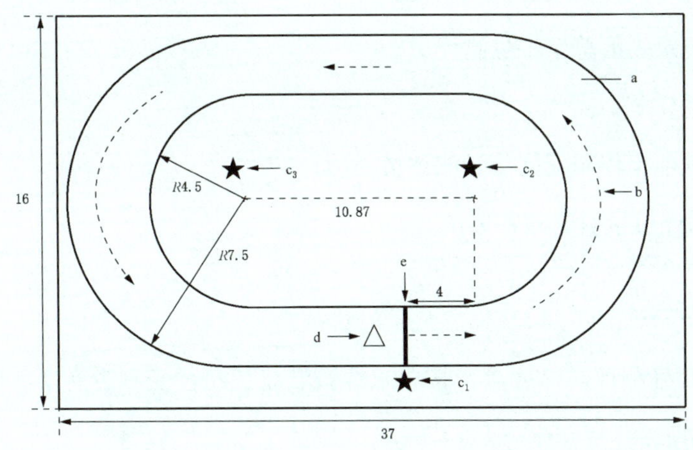

图 12 300 m 滑行测试示意图

1 测评员工作

共 3 名测评员，站位如图 12 所示。

（1）测评前，测评员讲解测评内容及要求，并检查所有受测者的装备。

（2）测评中，测评员就位，分工如下：

①1 号测评员

a. 一手持手旗，另一手持秒表，手臂夹持记录表。

b. 举旗示意受测者和 1 号、2 号测评员准备后，平举手旗，准备吹哨发令。

c. 哨声响起，同时下划手旗，开始计时。

d. 提示受测者剩余圈数。

e. 受测者通过终点线计时停止，并记录时间。

f. 2 次测评完成后，汇总 2 号、3 号测评员的记录表，综合评定受测者是否合格。

②2 号测评员

a. 位于第 1 个弯道，待 1 号测评员举旗后，举手示意并准备测评。

b. 全程观察受测者在评测区的动作完成情况，并记录不符合要求的情况。

c. 测评结束后，将记录表汇总至 1 号测评员。

③3 号测评员

位于第 2 个弯道，其他工作职责同 2 号测评员。

（3）测评后，1 号测评员指引受测者离场。

2 测试步骤

受测者应在测试前明确测评具体要求，按要求穿戴装备，每位受测者有 2 次测试机会。具体测试步骤如下：

（1）受测者在准备区等待，待 1 号测评员举旗时，向测评员举手示意。

（2）听到 1 号测评员哨声出发，按照规定要求完成测评内容。

（3）完成测评后回到准备区，准备第 2 次测评。

（4）2 次测评均完成后，经测评员指引离场。

三、四级测评工具

（一）成绩记录表

测评员应对每名受测者的实际表现进行评判并记录。每项测评内容的各观测点均达合格要求即为合格。螺旋滑行成绩记录表如表 5-1 所示，倒向双脚蛇形绕桩成绩记录表如表 5-2 所示，300 m 滑行成绩记录表如表 5-3 所示。

表 5-1 螺旋滑行成绩记录表

姓名	性别	观测点				合格情况
		滑行要求（每圈不少于 6 次交叉步滑行；目视滑行方向；蹬摆节奏一致；在规定区域完成转换；滑行 3 圈）	滑行区域（未缩短滑行距离）	身体表现（途中无摔倒）	滑行时间（男≤ 30 s；女≤ 35 s）	
×××	男	√	√	√	√	√
注：若受测者表现达到合格要求，在相应位置画“√”；不合格画“×”						
测评员：			记录时间： 年 月 日			

表 5-2 倒向双脚蛇形绕桩成绩记录表

姓名	性别	观测点				合格情况
		滑行要求（保持侧身向后看，双脚前后分开，无重叠；踢、漏桩数小于或等于 5 个；折返 2 次）	滑行区域（经过折返区）	身体表现（途中无摔倒）	滑行时间（男≤ 38 s；女≤ 41 s）	
×××	男	√	√	√	√	√
注：若受测者表现达到合格要求，在相应位置画“√”；不合格画“×”						
测评员：				记录时间： 年 月 日		

表 5-3　300 m 滑行成绩记录表

姓名	性别	观测点				合格情况
		滑行要求（直道运用侧蹬滑行，弯道运用交叉步滑行；滑行 6 圈）	滑行区域（未缩短滑行距离）	身体表现（途中无摔倒）	滑行时间（男≤ 72 s；女≤ 75 s）	
×××	男	√	√	√	√	√
注：若受测者表现达到合格要求，在相应位置画“√”；不合格画“×”						
测评员：			记录时间：　年　月　日			

（二）达标记录表

测评员应根据每名受测者各项测评内容的合格情况，对其达标情况作出评判。各项测评内容均合格为达标。轮滑四级测评达标记录表如表 5-4 所示。

表 5-4　轮滑四级测评达标记录表

姓名	各项测评内容合格情况			达标情况
	螺旋滑行	倒向双脚蛇形绕桩	300 m 滑行	
×××	√	√	√	√
注：各项测评内容均合格为达标；根据受测者合格情况和达标情况在相应位置画“√”或“×”				
测评员：			记录时间：　年　月　日	

四、四级测评操作视频

四级测评操作视频

第六章

轮滑课程学生运动能力五级测评（速度轮滑）

一、速度轮滑五级达标要求

4.2.5.1 速度轮滑

4.2.5.1.1 速度轮滑五级测评内容及要求应符合表 5 的要求。

表 5 速度轮滑五级测评内容及要求

测评内容		观测点	合格要求	
单个动作	双腿支撑曲线滑行	滑行要求	重心随侧蹬动作转移； 转移时侧蹬腿伸直，双脚未离开地面	滑行时间： 男≤10 s；女≤11 s
		滑行路线	按规定路线滑行，绕过所有标志桶	
		身体表现	途中无摔倒	
	直道后引滑行	滑行要求	支撑腿正刃滑行；浮腿小腿与地面平行； 左腿完成 1 次，右腿完成 1 次	滑行距离： 男≥22 m；女≥20 m
		滑行区域	未超出限滑区	
		身体表现	途中无摔倒	
成套动作	500 m 滑行	滑行要求	直道运用 V 字起跑、侧蹬滑行； 弯道运用交叉步滑行； 滑行 5 圈	滑行时间： 男≤65 s；女≤68 s
		滑行区域	未缩短滑行距离	
		身体表现	途中无摔倒	

4.2.5.1.2 速度轮滑五级应达到表 5 规定的合格要求，每名测评员均判定合格为达标。

1 单个动作——双腿支撑曲线滑行

受测者保持基本滑行姿势，上身自然前倾，双脚平行，双腿弯曲，重心位于双腿之间，通过移动身体重心和调整髋、膝、踝关节角度来改变滑行方向。（图 6-1）

图 6-1　双腿支撑曲线滑行

2 单个动作——直道后引滑行

受测者保持基本滑行姿势，支撑腿正刃滑行，后引腿侧蹬后悬浮，膝盖尽可能靠近支撑腿脚踝，后引腿小腿与地面保持平行。（图 6-2）

（1）正面图　　（2）侧面图

图 6-2　直道后引滑行

3 成套动作——500 m 滑行

受测者先进行 V 字起跑，在直道运用侧蹬滑行，在弯道运用连续交叉步滑行，完成 500 m 连续滑行。

二、速度轮滑五级测评方法

（一）单个动作——双腿支撑曲线滑行

5.5.2.1 单个动作——双腿支撑曲线滑行

5.5.2.1.1 场地器材与装备

测评场地、器材与装备按如下规定：

a） 场地：硬质平整地面，36 m×10 m 的测评区，划分 3 个区：准备区 2 m×10 m、评测区 24 m×10 m（间距为 4 m 的 6 个标志桶）、缓冲区 10 m×10 m；

b） 器材：50 m 钢卷尺 1 把、秒表 1 块、哨子 1 个、宽 5 cm 胶带、手旗 1 个、标志桶 6 个（高 48 cm）；

c） 装备：速度轮滑鞋（轮子直径 90 mm～110 mm、轮架长度大于或等于 243 mm）、护具（头盔、护膝、护肘、护手）。

5.5.2.1.2 测评员工作

测评工作由 2 名测评员完成。其测评工作包括但不限于：

a） 2 名测评员站位如图 13 所示；

b） 1 号测评员发令，同时观察受测者观测点完成情况；

c） 2 号测评员计时、记录成绩，受测者通过终点线计时停止；

d） 测试结束，测评员根据受测者观测点完成情况和滑行时间，取 2 次中个人最好成绩，评定其是否合格。

5.5.2.1.3 测试步骤

受测者测试步骤如下：

a） 佩戴完整装备，至起点线后，举手示意，听到测试指令后开始测试，如图 13 所示；

b） 在评测区运用双腿支撑曲线滑行完成规定路线；

c） 通过终点线计时停止，测试结束。

每名受测者 2 次测试机会。

单位为米

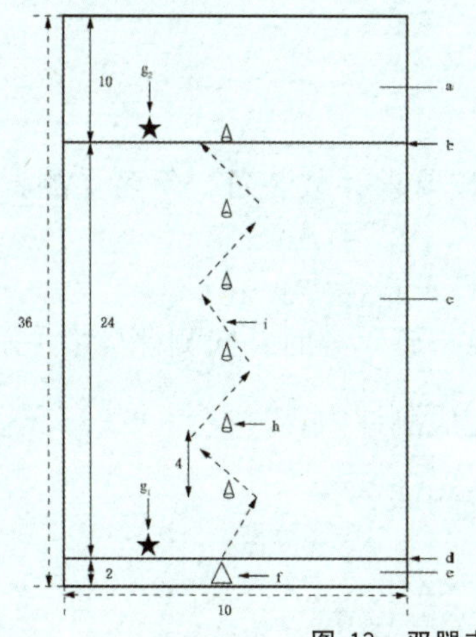

标引序号说明：

a ——缓冲区；
b ——终点线；
c ——评测区；
d ——起点线；
e ——准备区；
f ——受测者位置；
g_1、g_2 ——测评员位置；
h ——标志桶；
i ——滑行轨迹。

图 13 双腿支撑曲线滑行测试示意图

1 测评员工作

共 2 名测评员，站位如图 13 所示。

（1）测评前，测评员讲解测评内容及要求，并检查所有受测者的装备。

（2）测评中，测评员就位，分工如下：

① 1 号测评员

a. 一手持手旗，手臂夹持记录表。

b. 举旗示意受测者和 2 号测评员准备后，平举手旗，准备吹哨发令。

c. 哨声响起，同时下划手旗，测评开始。

d. 全程观察受测者在评测区的表现，并记录不符合要求的情况。

② 2 号测评员

a. 一手持秒表，待 1 号测评员举旗示意后，准备测评。

b. 听到哨声响起，看到下划手旗，开始计时。

c. 受测者通过终点线，停止计时。

d. 全程观察受测者在评测区的表现，并记录时间和不符合要求的情况。

e. 结合 1 号测评员的记录表，综合评定测评结果。

（3）测评后，2 号测评员指引受测者离场。

2 测试步骤

受测者应在测试前明确测评具体要求，按要求穿戴装备，每名受测者有 2 次测试机会。具体测试步骤如下：

（1）受测者在准备区等待，待 1 号测评员举旗示意时，向测评员举手示意。

（2）听 1 号测评员哨声，按照规定要求完成测评内容。

（3）完成测评后回到准备区，准备第 2 次测评。

（4）2 次测评均完成后，经测评员指引离场。

（二）单个动作——直道后引滑行

5.5.2.2 单个动作——直道后引滑行

5.5.2.2.1 场地器材与装备

测评场地、器材与装备按如下规定：

a） 场地：硬质平整地面，28 m×10 m 的测评区，划分 4 个区：准备区 2 m×10 m、加速区 8 m×10 m、评测区 14 m×10 m(限滑区宽 0.8 m)、缓冲区 4 m×10 m；

b） 器材：50 m 钢卷尺 1 把、哨子 1 个、宽 5 cm 胶带、手旗 1 个、标志块 13 个；

c） 装备：同 5.5.2.1.1c)。

5.5.2.2.2 测评员工作

测评工作由 2 名测评员完成。其测评工作包括但不限于：

a） 2 名测评员站位如图 14 所示；

b） 1 号测评员发令，同时观察受测者观测点完成情况；

c） 2 号测评员分别记录受测者左、右腿滑行距离；

d） 测试结束，测评员根据受测者观测点完成情况和滑行距离，取 2 次中个人最好成绩，评定其是否合格。

5.5.2.2.3 测试步骤

受测者测试步骤如下：

a） 佩戴完整装备，至准备区，举手示意，听到测试指令后开始测试，如图 14 所示；

b） 通过加速区，运用直道后引滑行通过评测区中的限滑区；

c） 左、右腿各滑行 1 次，测试结束。

每名受测者 2 次测试机会。

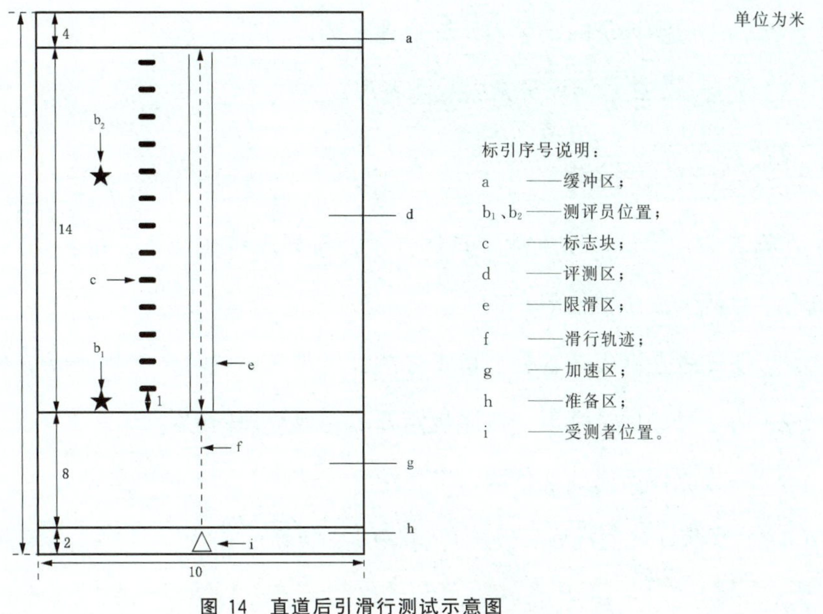

图 14 直道后引滑行测试示意图

1 测评员工作

共 2 名测评员，站位如图 14 所示。

（1）测评前，测评员讲解测评内容及要求，并检查所有受测者的装备。

（2）测评中，测评员就位，分工如下：

① 1 号测评员

a. 一手持手旗，手臂夹持记录表。

b. 举旗示意受测者和 2 号测评员准备后，平举手旗，准备吹哨发令。

c. 哨声响起，同时下划手旗，测评开始。

d. 全程观察受测者在评测区的表现，并记录不符合要求的情况。

② 2 号测评员

a. 待 1 号测评员举旗示意后，准备测评。

b. 全程观察受测者在评测区的表现，并记录左、右腿滑行距离和不符合要求的情况。

c. 结合 1 号测评员的记录表，综合评定测评结果。

（3）测评后，2 号测评员指引受测者离场。

2 受测者测试步骤

受测者应在测试前明确测评具体要求，按要求穿戴装备，每名受测者有 2 次测试机会。具体测试步骤如下：

（1）受测者在准备区等待，待 1 号测评员举旗示意时，向测评员举手示意。

（2）听 1 号测评员哨声，按照规定要求完成测评内容。

（3）完成测评后回到准备区，准备第 2 次测评。

（4）2 次测评均完成后，经测评员指引离场。

（三）成套动作——500 m 滑行

5.5.2.3 成套动作——500 m 滑行

5.5.2.3.1 场地器材与装备

测评场地、器材与装备按如下规定：

a) 场地：硬质平整地面，55 m×28 m 的测评区，跑道宽度为 6 m，弯道半径 7.5 m，单个弯道长度 23.55 m，单个直道长度 26.45 m，周长为 100 m 的椭圆形场地（或硬质平整地面，100 m×40 m 的测评区，跑道宽度为 7 m，弯道半径 13 m，单个弯道长度 40.84 m，单个直道长度为 59.16 m）；

b) 器材：同 5.1.1.1b)；

c) 装备：同 5.5.2.1.1c)。

5.5.2.3.2 测评员工作

测评工作由 3 名测评员完成。其测评工作包括但不限于：

a) 3 名测评员站位如图 15 所示；

b) 1 号测评员发令、计时、记录成绩，同时观察受测者观测点完成情况，受测者滑行 5 圈后通过终点线计时停止；

c) 2 号、3 号测评员观察受测者弯道观测点完成情况；

d) 测试结束，测评员根据受测者观测点完成情况和滑行时间，取 2 次中个人最好成绩，评定其是否合格。

5.5.2.3.3 测试步骤

受测者测试步骤如下：

a) 佩戴完整装备，至起点线后，举手示意，听到测试指令后开始测试，如图 15 所示；

b) 在评测区运用 V 字起跑，直道运用侧蹬滑行，弯道运用交叉步滑行，沿逆时针方向滑行 5 圈；

c) 通过终点线计时停止，测试结束。

每名受测者 2 次测试机会。

单位为米

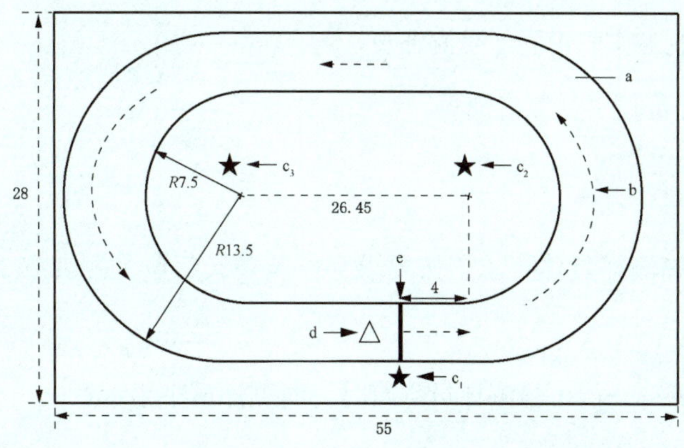

标引序号说明：

a ——评测区；

b ——滑行轨迹；

c_1、c_2、c_3 ——测评员位置；

d ——受测者位置；

e ——起/终点线。

图 15 500 m 滑行测试示意图

1 测评员工作

共 3 名测评员，站位如图 15 所示。

（1）测评前，测评员讲解测评内容及要求，并检查所有受测者的装备。

（2）测评中，测评员就位，分工如下：

① 1 号测评员

a. 一手持手旗，另一手持秒表，手臂夹持记录表。

b. 举旗示意受测者和 1 号、2 号测评员准备后，平举手旗，准备吹哨发令。

c. 哨声响起，同时下划手旗，开始计时。

d. 提示受测者剩余圈数。

e. 受测者通过终点线计时停止，并记录时间。

f. 2 次测评完成后，汇总 2 号、3 号测评员的记录表，综合评定受测者是否合格。

② 2 号测评员

a. 位于第 1 个弯道，待 1 号测评员举旗后，举手示意并准备测评。

b. 全程观察受测者在评测区的动作完成情况，并记录不符合要求的情况。

c. 测评结束后，将记录表汇总至 1 号测评员。

③ 3 号测评员

位于第 2 个弯道，其他工作职责同 2 号测评员。

（3）测评后，1 号测评员指引受测者离场。

2 测试步骤

受测者应在测试前明确测评具体要求，按要求穿戴装备，每位受测者有 2 次测试机会。具体测试步骤如下：

（1）受测者在准备区等待，待 1 号测评员举旗时，向测评员举手示意。

（2）听到 1 号测评员哨声出发，按照规定要求完成测评内容。

（3）完成测评后回到准备区，准备第 2 次测评。

（4）2 次测评均完成后，经测评员指引离场。

三、速度轮滑五级测评工具

（一）成绩记录表

测评员应对每名受测者的实际表现进行评判并记录。每项测评内容的各观测点均达合格要求即为合格。双腿支撑曲线滑行成绩记录表如表 6-1 所示，直道后引滑行成绩记录表如表 6-2 所示，500 m 滑行成绩记录表如表 6-3 所示。

表 6-1　双腿支撑曲线滑行成绩记录表

姓名	性别	观测点				合格情况
		滑行要求（重心随侧蹬动作转移；转移时侧蹬腿伸直，双脚未离开地面）	滑行路线（按规定路线滑行，绕过所有标志桶）	身体表现（途中无摔倒）	滑行时间（男≤ 10 s；女≤ 11 s）	
×××	男	√	√	√	√	√
×××	女	√	√	√	√	√
注：若受测者表现达到合格要求，在相应位置画“√”；不合格画“×”						
测评员：			记录时间：　年　月　日			

表 6-2　直道后引滑行成绩记录表

姓名	性别	观测点				合格情况
		滑行要求（支撑腿正刃滑行；浮腿小腿与地面平行；左腿完成 1 次，右腿完成 1 次）	滑行区域（未超出限滑区）	身体表现（途中无摔倒）	滑行距离（男≥ 22 m；女≥ 20 m）	
×××	男	√	√	√	√	√
×××	女	√	√	×	√	×
注：若受测者表现达到合格要求，在相应位置画“√”；不合格画“×”						
测评员：			记录时间：　年　月　日			

表 6-3　500 m 滑行成绩记录表

姓名	性别	观测点				合格情况
		滑行要求（直道运用 V 字起跑、侧蹬滑行；弯道运用交叉步滑行；滑行 5 圈）	滑行区域（未缩短滑行距离）	身体表现（途中无摔倒）	滑行时间（男≤ 65 s；女≤ 68 s）	
×××	男	√	√	√	√	√
×××	女	√	√	√	√	√
注：若受测者表现达到合格要求，在相应位置画“√”；不合格画“×”						
测评员：			记录时间：　年　月　日			

（二）达标记录表

测评员应根据每名受测者各项测评内容的合格情况，对其达标情况作出评判。各项测评内容均合格为达标。速度轮滑五级测评达标记录表如表 6-4 所示。

表 6-4　速度轮滑五级测评达标记录表

姓名	各项测评内容合格情况			达标情况
	双腿支撑曲线滑行	直道后引滑行	500 m 滑行	
×××	√	√	√	√
×××	√	×	√	×
注：各项测评内容均合格为达标；根据受测者合格情况和达标情况在相应位置画“√”或“×”				
测评员：			记录时间：　年　月　日	

四、速度轮滑五级测评操作视频

速度轮滑五级
测评操作视频

第七章

轮滑课程学生运动能力五级测评（自由式轮滑）

一、自由式轮滑五级达标要求

4.2.5.2 自由式轮滑

4.2.5.2.1 自由式轮滑五级测评内容及要求应符合表 6 的要求。

表 6 自由式轮滑五级测评内容及要求

<table>
<tr><th colspan="2">测评内容</th><th>观测点</th><th colspan="2">合格要求</th></tr>
<tr><td rowspan="6">单个动作</td><td rowspan="3">钟摆交叉绕桩</td><td>滑行要求</td><td>双脚未离开地面；
未踢桩、漏桩</td><td rowspan="3">滑行时间：
男≤22 s；女≤23 s</td></tr>
<tr><td>滑行路线</td><td>按规定路线滑行</td></tr>
<tr><td>身体表现</td><td>途中无摔倒</td></tr>
<tr><td rowspan="3">太阳花绕桩</td><td>滑行要求</td><td>保持连续旋转；
未踢桩、漏桩</td><td rowspan="3">滑行时间：
男≤15 s；女≤16 s</td></tr>
<tr><td>滑行路线</td><td>按规定路线滑行</td></tr>
<tr><td>身体表现</td><td>途中无摔倒</td></tr>
<tr><td rowspan="2">成套动作</td><td rowspan="2">速度过桩</td><td>滑行要求</td><td>终点线前浮腿未落地，
浮腿位于支撑腿侧后方
踢、漏桩总数小于或等于 7 个；
终点线未跳跃</td><td rowspan="2">滑行时间：
男≤7.5 s；女≤7.9 s</td></tr>
<tr><td>身体表现</td><td>途中无摔倒</td></tr>
</table>

4.2.5.2.2 自由式轮滑五级应达到表 6 规定的合格要求，每名测评员均判定合格为达标。

1 单个动作——钟摆交叉绕桩

由前交叉和后交叉动作组成，受测者需保持外刃滑行。以身体左侧在前为例，受测者上身直立，双膝微屈，右脚在前左脚在后，做前交叉动作绕过第 1 个桩，背对第 2 个桩，做后交叉动作（左脚在前，右脚在后）绕过第 2 个桩。重复以上动作，完成钟摆交叉绕桩滑行。（图 7-1）

（1）正面图

（2）侧面图

图 7-1　钟摆交叉绕桩

（2）侧面图（续）

图 7-1　钟摆交叉绕桩（续）

2 单个动作——太阳花绕桩

以身体右侧在前为例，受测者上身直立，两臂侧举，身体顺时针旋转，右脚弧线滑行，左脚交叉过第 1 个桩，右脚滑行至第 2 个桩前点规，左脚在第 2 个桩后弧线滑行，滑行至第 3 个桩前点规，右脚在第 3 个桩后弧线滑行，左脚交叉过第 4 个桩。继续保持顺时针滑行，重复上述动作。（图 7-2）

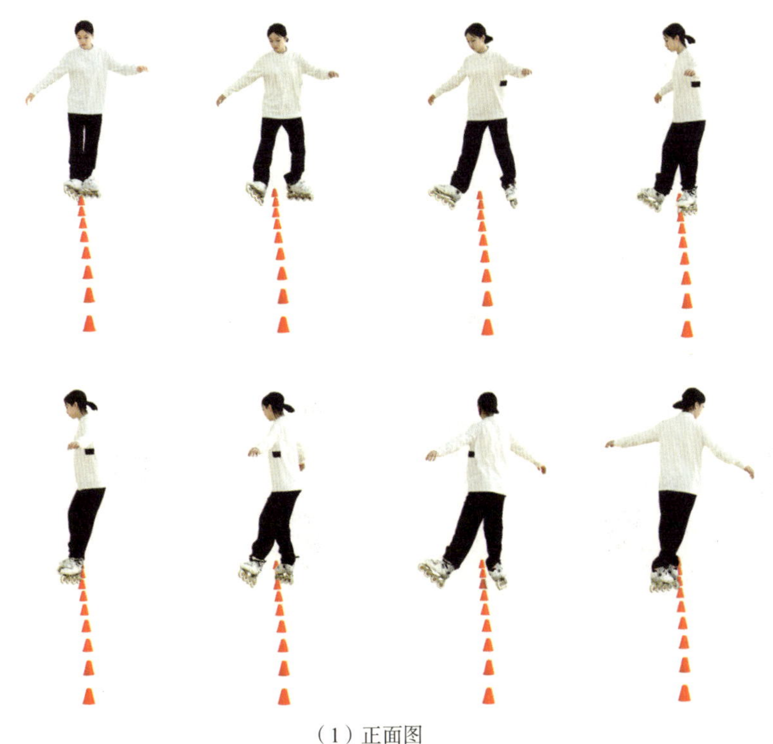

（1）正面图

图 7-2　太阳花绕桩

（2）侧面图

图 7-2　太阳花绕桩（续）

3 成套动作——速度过桩

受测者在 a 区完成 V 字起跑，b 区完成加速滑行，c 区完成单脚绕 20 个间距为 0.8 米的桩。绕桩时，上身微前倾，核心部位收紧，浮腿位于体侧，支撑腿微屈膝，重心位于支撑脚的脚后跟，以单腿滑行的形式完成绕桩，根据滑行速度，看向斜前方。（图 7-3）

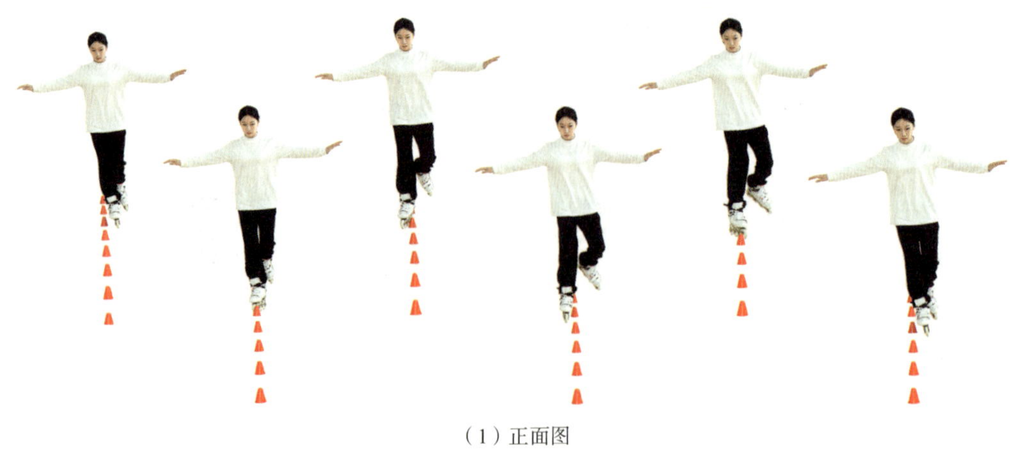

（1）正面图

图 7-3　速度过桩

（2）侧面图

图 7-3　速度过桩（续）

二、自由式轮滑五级测评方法

（一）单个动作——钟摆交叉绕桩

5.5.3.1　单个动作——钟摆交叉绕桩

5.5.3.1.1　场地器材与装备

测评场地、器材与装备按如下规定：

a）　场地：硬质平整地面，20.8 m×8 m 的测评区，划分 5 个区：准备区 4 m×8 m、加速区 2 m×8 m、评测区 8.8 m×8 m（间距为 0.8 m 的 12 个桩）、冲刺区 2 m×8 m、缓冲区 4 m×8 m；

b）　器材：50 m 钢卷尺 1 把、秒表 1 块、哨子 1 个、桩（高 8 cm、底座外圈直径 7.5 cm、桩顶直径 2.7 cm）12 个、桩贴（直径 7.7 cm、圆心 0.7 cm）12 个、宽 5 cm 胶带、手旗 1 个；

c）　装备：自由式轮滑鞋（1、4 轮比 2、3 轮高 1.5 mm～2.5 mm）。

5.5.3.1.2　测评员工作

测评工作由 3 名测评员完成。其测评工作包括但不限于：

a）　3 名测评员站位如图 16 所示；

b）　1 号测评员发令；

c）　2 号测评员观察受测者观测点完成情况；

d）　3 号测评员计时、记录成绩，受测者通过终点线计时停止；

e）　测试结束，测评员根据受测者观测点完成情况和滑行时间，取 2 次中个人最好成绩，评定其是否合格。

5.5.3.1.3　测试步骤

受测者测试步骤如下：

a）　佩戴完整装备，至起点线后，举手示意，听到测试指令后开始测试，如图 16 所示；

b）　通过加速区，运用钟摆交叉绕桩完成 12 个桩；

c）　通过终点线计时停止，测试结束。

每名受测者 2 次测试机会。

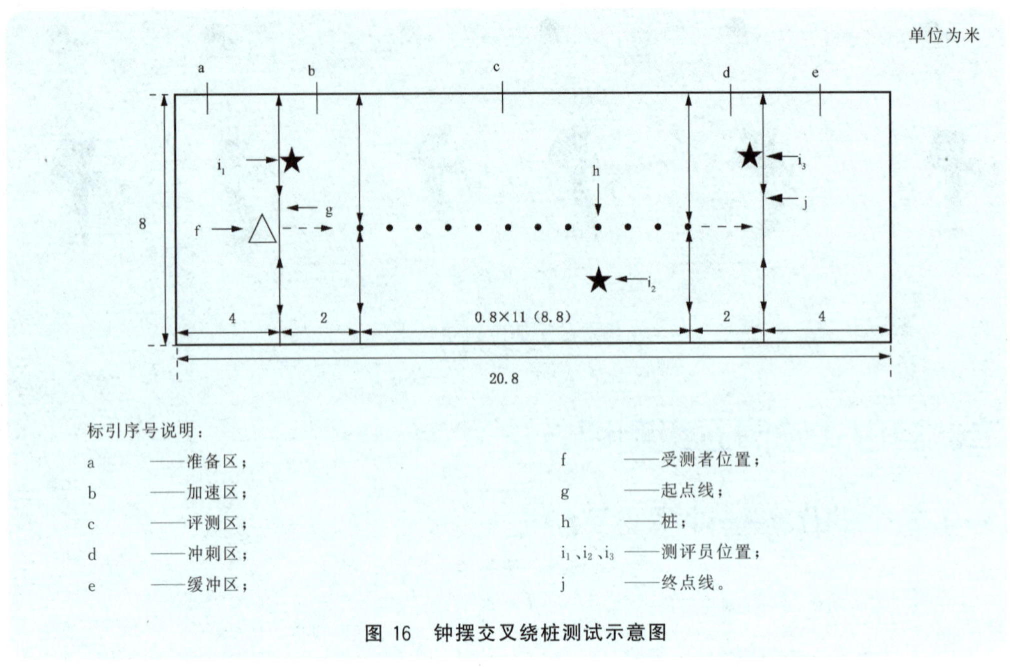

图 16　钟摆交叉绕桩测试示意图

1 测评员工作

共 3 名测评员，站位如图 16 所示。

（1）测评前，测评员讲解测评内容及要求，并检查所有受测者的装备。

（2）测评中，测评员就位，分工如下：

① 1 号测评员

a. 一手持手旗。

b. 举旗示意受测者和 2 号、3 号测评员准备后，平举手旗，准备吹哨发令。

c. 哨声响起，同时下划手旗，测评开始。

② 2 号测评员

a. 待 1 号测评员举旗后，举手示意并准备测评。

b. 全程观察受测者在评测区的表现，并记录不符合要求的情况。

c. 测评结束后，将记录表汇总至 3 号测评员。

③ 3 号测评员

a. 一手持秒表，待 1 号测评员举旗后，举手示意并准备测评。

b. 听到哨声开始计时，受测者通过终点线，停止计时，并记录时间。

c. 全程观察受测者在评测区的表现，并记录不符合要求的情况。

d. 结合 2 号测评员的记录表，综合评定测评结果。

（3）测评后，3 号测评员指引受测者离场。

2 测试步骤

受测者应在测试前明确测评具体要求，按要求穿戴装备，每名受测者有 2 次测试机会。具体测试步骤如下：

（1）受测者在准备区等待，待 1 号测评员举旗示意时，向测评员举手示意。

（2）听 1 号测评员哨声，按照规定要求完成测评内容。

（3）完成测评后回到准备区，准备第 2 次测评。

（4）2 次测评均完成后，经测评员指引离场。

（二）单个动作——太阳花绕桩

5.5.3.2　单个动作——太阳花绕桩

5.5.3.2.1　场地器材与装备

测评场地、器材与装备按如下规定：

a）　场地：同 5.5.3.1.1a)；

b）　器材：同 5.5.3.1.1b)；

c）　装备：同 5.5.3.1.1c)。

5.5.3.2.2　测评员工作

测评工作由 3 名测评员完成。其测评工作包括但不限于：

a）　3 名测评员站位如图 17 所示；

b）　1 号测评员发令；

c）　2 号测评员观察受测者观测点完成情况；

d）　3 号测评员计时、记录成绩，受测者通过终点线计时停止；

e）　测试结束，测评员根据受测者观测点完成情况和滑行时间，取 2 次中个人最好成绩，评定其是否合格。

5.5.3.2.3 **测试步骤**

受测者测试步骤如下：

a) 佩戴完整装备，至起点线后，举手示意，听到测试指令后开始测试，如图 17 所示；

b) 通过加速区，运用太阳花绕桩完成 12 个桩；

c) 通过终点线计时停止，测试结束。

每名受测者 2 次测试机会。

单位为米

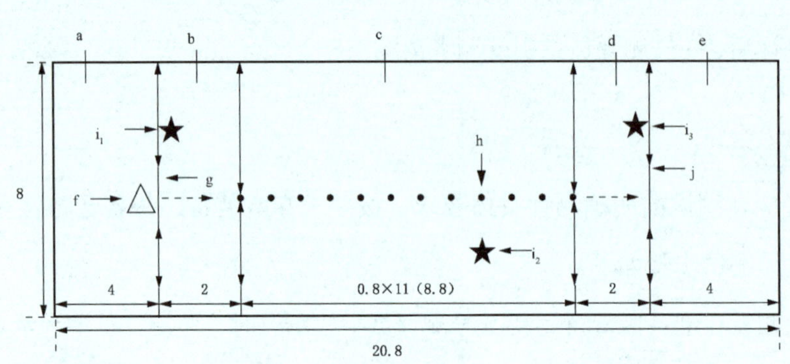

标引序号说明：

a ——准备区；
b ——加速区；
c ——评测区；
d ——冲刺区；
e ——缓冲区；
f ——受测者位置；
g ——起点线；
h ——桩；
i_1、i_2、i_3 ——测评员位置；
j ——终点线。

图 17 太阳花绕桩测试示意图

1 测评员工作

共 3 名测评员，站位如图 17 所示。

（1）测评前，测评员讲解测评内容及要求，并检查所有受测者的装备。

（2）测评中，测评员就位，分工如下：

①1 号测评员

a. 一手持手旗。

b. 举旗示意受测者和 2 号、3 号测评员准备后，平举手旗，准备吹哨发令。

c. 哨声响起，同时下划手旗，测评开始。

②2 号测评员

a. 待 1 号测评员举旗后，举手示意并准备测评。

b. 全程观察受测者在评测区的表现，并记录不符合要求的情况。

c. 测评结束后，将记录表汇总至 3 号测评员。

③3 号测评员

a. 一手持秒表，待 1 号测评员举旗后，举手示意并准备测评。

b. 听到哨声开始计时，受测者通过终点线，停止计时，并记录时间。

c. 全程观察受测者在评测区的表现，并记录不符合要求的情况。

d. 结合 2 号测评员的记录表，综合评定测评结果。

（3）测评后，3 号测评员指引受测者离场。

2 受测者测试步骤

受测者应在测试前明确测评具体要求，按要求穿戴装备，每名受测者有 2 次测试机会。具体测试步骤如下：

（1）受测者在准备区等待，待 1 号测评员举旗示意时，向测评员举手示意。

（2）听 1 号测评员哨声，按照规定要求完成测评内容。

（3）完成测评后回到准备区，准备第 2 次测评。

（4）2 次测评均完成后，经测评员指引离场。

（三）成套动作——速度过桩

5.5.3.3　成套动作——速度过桩

5.5.3.3.1　场地器材与装备

测评场地、器材与装备按如下规定：

a）场地：硬质平整地面，44 m×10 m 的测评区，划分为 4 个区：准备区 2 m×10 m、加速区 12 m×10 m、评测区 16 m×10 m（间距为 0.8 m 的 20 个桩，最后一个桩距离终点线 0.8 m）、缓冲区 14 m×10 m；

b）器材：50 m 钢卷尺 1 把、秒表 1 块、哨子 1 个、桩（高 8 cm、底座外圈直径 7.5 cm、桩顶直径 2.7 cm）20 个、桩贴（直径 7.7 cm、圆心 0.7 cm）20 个、宽 5 cm 胶带、手旗 1 个；

c）装备：同 5.5.3.1.1c）。

5.5.3.3.2　测评员工作

测评工作由 3 名测评员完成。其测评工作包括但不限于：

a）3 名测评员站位如图 18 所示；

b）1 号测评员发令，同时观察受测者观测点完成情况；

c）2 号测评员记录罚桩数（每踢/漏 1 个桩罚时 0.2 s），同时观察受测者观测点完成情况；

d）3 号测评员计时、记录成绩，观察受测者观测点完成情况，受测者通过终点线计时停止；

e）测试结束，测评员根据受测者观测点完成情况和滑行时间，取 2 次中个人最好成绩，评定其是否合格。

5.5.3.3.3　测试步骤

受测者测试步骤如下：

a）佩戴完整装备，至起跑盒，举手示意，听到测试指令后开始测试，如图 18 所示；

b）运用 V 字起跑通过加速区，在首桩辅助线前，以单脚的滑行方式绕过 20 个桩；

c）通过终点线计时停止，测试结束。

每名受测者 2 次测试机会。

单位为米

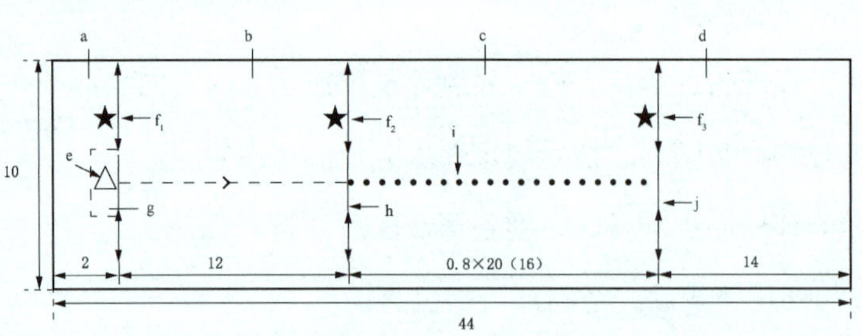

标引序号说明：

a ——准备区；
b ——加速区；
c ——评测区；
d ——缓冲区；
e ——受测者位置；
f_1、f_2、f_3——测评员位置；
g ——起跑盒；
h ——首桩辅助线；
i ——桩；
j ——终点线。

图 18　速度过桩测试示意图

1 测评员工作

共 3 名测评员，站位如图 18 所示。

（1）测评前，测评员讲解测评内容及要求，并检查所有受测者的装备。

（2）测评中，测评员就位，分工如下：

① 1 号测评员

a. 一手持手旗。

b. 举旗示意受测者和 2 号、3 号测评员准备后，平举手旗，准备吹哨发令。

c. 哨声响起，同时下划手旗，测评开始。

② 2 号测评员

a. 待 1 号测评员举旗后，举手示意并准备测评。

b. 全程观察受测者在评测区的表现，并记录不符合要求的情况。

c. 测评结束后，将记录表汇总至 3 号测评员。

③ 3 号测评员

a. 一手持秒表，待 1 号测评员举旗后，举手示意并准备测评。

b. 听到哨声开始计时，受测者通过终点线，停止计时，并记录时间。

c. 全程观察受测者在评测区的表现，并记录不符合要求的情况。

d. 结合 2 号测评员的记录表，综合评定测评结果。

（3）测评后，3 号测评员指引受测者离场。

2 测试步骤

受测者应在测试前明确测评具体要求，按要求穿戴装备，每名受测者有 2 次测试机会。具体测试步骤如下：

（1）受测者在准备区等待，待 1 号测评员举旗示意时，向测评员举手示意。

（2）听 1 号测评员哨声，按照规定要求完成测评内容。

（3）完成测评后回到准备区，准备第 2 次测评。

（4）2 次测评均完成后，经测评员指引离场。

三、自由式轮滑五级测评工具

（一）成绩记录表

测评员应对每名受测者的实际表现进行评判并记录。每项测评内容的各观测点均达合格要求即为合格。钟摆交叉绕桩成绩记录表如表 7-1 所示，太阳花绕桩成绩记录表如表 7-2 所示，速度过桩成绩记录表如表 7-3 所示。

表 7-1　钟摆交叉绕桩成绩记录表

姓名	性别	观测点				合格情况
		滑行要求（双脚未离开地面；未踢、漏桩）	滑行路线（按规定路线滑行）	身体表现（途中无摔倒）	滑行时间（男≤ 22 s；女≤ 23 s）	
×××	男	√	√	√	√	√
×××	女	√	√	√	√	√
注：若受测者表现达到合格要求，在相应位置画“√”；不合格画“ × ”						
测评员：			记录时间：　年　　月　　日			

表 7-2　太阳花绕桩成绩记录表

姓名	性别	观测点				合格情况
		滑行要求（保持连续旋转；未踢、漏桩）	滑行路线（按规定路线滑行）	身体表现（途中无摔倒）	滑行时间（男≤ 15 s；女≤ 16 s）	
×××	男	√	√	√	√	√
×××	女	√	√	√	√	√
注：若受测者表现达到合格要求，在相应位置画“√”；不合格画“ × ”						
测评员：			记录时间：　年　　月　　日			

表 7-3 速度过桩成绩记录表

姓名	性别	观测点			合格情况
		滑行要求（终点线前浮腿未落地，浮腿位于支撑腿侧后方；踢、漏桩总数小于或等于 7 个；终点线未跳跃）	身体表现（途中无摔倒）	滑行时间（男≤ 7.5 s，女≤ 7.9 s）	
×××	男	√	√	√	√
×××	女	√	√	√	√
注：若受测者表现达到合格要求，在相应位置画“√”；不合格画“×”					
测评员：			记录时间： 年 月 日		

（二）达标记录表

测评员应根据每名受测者各项测评内容的合格情况，对其达标情况作出评判。各项测评内容均合格为达标。自由式轮滑五级测评达标记录表如表 7-4 所示。

表 7-4 自由式轮滑五级测评达标记录表

姓名	各项测评内容合格情况			达标情况
	钟摆交叉绕桩	太阳花绕桩	速度过桩	
×××	√	√	×	×
×××	√	√	√	√
注：各项测评内容均合格为达标；根据受测者合格情况和达标情况在相应位置画“√”或“×”				
测评员：			记录时间： 年 月 日	

四、自由式轮滑五级测评操作视频

自由式轮滑五级测评
操作视频

第八章

轮滑课程学生运动能力五级测评（单排轮滑球）

一、单排轮滑球五级达标要求

4.2.5.3　单排轮滑球

4.2.5.3.1　单排轮滑球五级测评内容及要求应符合表7的要求。

表7　单排轮滑球五级测评内容及要求

<table>
<tr><th colspan="2">测评内容</th><th>观测点</th><th colspan="2">合格要求</th></tr>
<tr><td rowspan="4">单个动作</td><td rowspan="2">定点五向拨球</td><td>拨球要求</td><td>保持双脚平行朝向正前方；
球未失控，球产生位移；
5个点均完成规定次数</td><td rowspan="2">完成时间：
男≤90 s；女≤100 s</td></tr>
<tr><td>身体表现</td><td>未离开测评区域</td></tr>
<tr><td rowspan="2">定向传球</td><td>传球要求</td><td>下手向标志桶推出，上手回拉；
按照一定方向依次完成传球；
标志桶被击倒或发生位移</td><td rowspan="2">完成次数：
男≥8次；女≥6次</td></tr>
<tr><td>身体表现</td><td>未离开测评区域</td></tr>
<tr><td rowspan="3">成套动作</td><td rowspan="3">滑行运球</td><td>运球要求</td><td>双手运球；
球位于身体侧面，持续控球；
滑行2圈</td><td rowspan="3">滑行时间：
男≤40 s；女≤50 s</td></tr>
<tr><td>滑行区域</td><td>未缩短滑行距离</td></tr>
<tr><td>身体表现</td><td>途中无摔倒</td></tr>
</table>

4.2.5.3.2　单排轮滑球五级应达到表7规定的合格要求，每名测评员均判定合格为达标。

解读

1 单个动作——定点五向拨球

受测者双脚平行开立，与肩同宽，双腿微屈，保持身体平衡。双手握住球杆，手腕放松。拨球时，使用球杆拍头中间部位，在身前做左右直线“拉”和“推”的动作，球杆应有一定的倾斜度，使杆刃扣住球，保持球杆底部着地，平行推拉。（图 8-1）

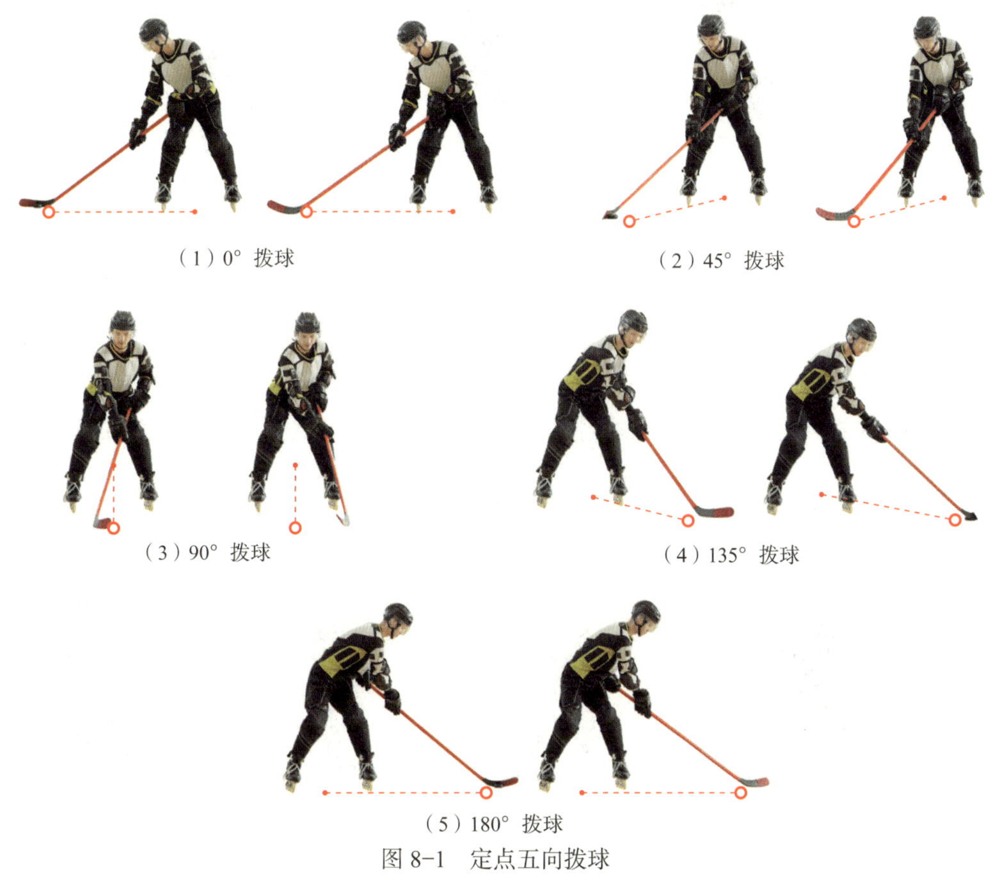

（1）0° 拨球　（2）45° 拨球　（3）90° 拨球　（4）135° 拨球　（5）180° 拨球

图 8-1　定点五向拨球

2 单个动作——定向传球

受测者双脚开立，略比肩宽，膝盖微屈，身体重心下沉，双手持握球杆，拍头贴于地面，确保控球的稳定性。传球时，将拍头小幅度引至球的后侧，下方的手略向下施加压力，同时向标志桶位置发力将球推出，着力点应集中在球的后方，通过

手腕和前臂的力量将球传出。（图 8-2）

（1）封闭式定向传球

（2）开放式定向传球

图 8-2　定向传球

③ 成套动作——滑行运球

受测者双脚开立，与肩同宽，膝盖微屈，保持身体稳定。上身微向前倾，目视前方，保持身体平衡。滑行运球时，双脚交替用力滑行，控制滑行速度和稳定性。使用球杆控球，通过拨、推、拉等动作使球在身前或身侧滚动。注意控制滑行速度和运球力度，确保球不脱离控制范围。（图 8-3）

（1）滑行运球（直道）

（2）滑行运球（转弯）

图 8-3　滑行运球

二、单排轮滑球五级测评方法

（一）单个动作——定点五向拨球

5.5.4.1　单个动作——定点五向拨球

5.5.4.1.1　场地器材与装备

测评场地、器材与装备按如下规定：

a）场地：硬质平整地面，10 m×10 m 的测评区；

b）器材：50 m 钢卷尺 1 把、秒表 1 块、哨子 1 个、计数器 1 个、轮滑球（厚度 22 mm～30 mm，直径 77 mm，质量 120 g～130 g 之间，黑色）、宽 5 cm 胶带、手旗 1 个；

c）装备：单排轮滑球鞋、轮滑球护具（头盔、护胸、护肘、防摔裤、护腿、手套）、轮滑球杆。

5.5.4.1.2　测评员工作

测评工作由 2 名测评员完成。其测评工作包括但不限于：

a）2 名测评员站位如图 19 所示；

b）1 号测评员发令、计数；

c）2 号测评员计时、记录成绩，同时观察受测者观测点完成情况，受测者完成规定次数计时停止；

d）测试结束，测评员根据受测者观测点完成情况和完成时间，取 2 次中个人最好成绩，评定其是否合格。

5.5.4.1.3　测试步骤

受测者测试步骤如下：

a）佩戴完整装备，至受测者位置，举手示意，听到测试指令后开始测试，如图 19 所示；

b）运用定点拨球，依次完成 0°、45°、90°、135°、180 °5 个角度（以左手杆为例），拨球来回计为 1 次，每个点需完成 20 次；

c）完成规定次数拨球计时停止，测试结束。

每名受测者 2 次测试机会。

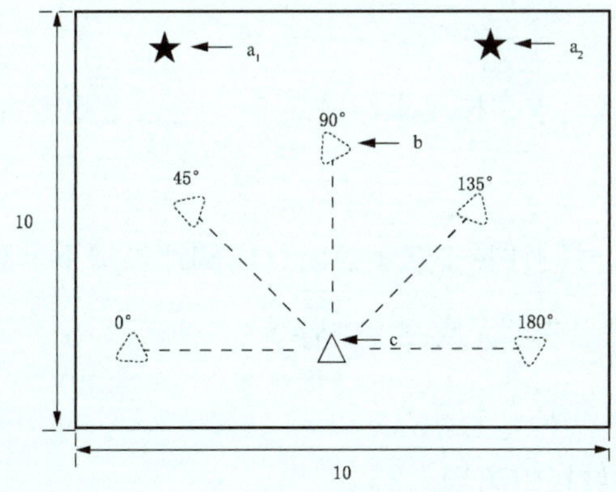

标引序号说明：

a_1、a_2——测评员位置；

b——控球区；

c——受测者位置。

图 19　定点五向拨球测试示意图

1 测评员工作

共 2 名测评员，站位如图 19 所示。

（1）测评前，测评员讲解测评内容及要求，并检查所有受测者的装备。

（2）测评中，测评员就位，分工如下：

① 1 号测评员

a. 一手持手旗，另一手持计数器。

b. 举旗示意受测者和 2 号测评员准备后，平举手旗，准备吹哨发令。

c. 哨声响起，同时下划手旗，受测者拨球，开始计数。

d. 受测者完成 100 次拨球后停止计数。

② 2 号测评员

a. 一手持秒表，另一手持记录表；待 1 号测评员举旗示意后，准备测评。

b. 听到哨声响起开始计时。受测者完成 100 次拨球后停止计时。

c. 全程观察受测者在评测区的表现，并记录不符合要求的情况。

d. 结合 1 号测评员的记录表，综合评定测评结果。

（3）测评后，2 号测评员指引受测者离场。

2 测评步骤

受测者应在测试前明确测评具体要求，按要求穿戴装备，每名受测者有 2 次测试机会。具体测试步骤如下：

（1）受测者在准备区等待，待 1 号测评员举旗示意时，向测评员举手示意。

（2）听 1 号测评员哨声，按照规定要求完成测评内容。

（3）完成测评后回到准备区，准备第 2 次测评。

（4）2 次测评均完成后，经测评员指引离场。

（二）单个动作——定向传球

5.5.4.2 单个动作——定向传球

5.5.4.2.1 场地器材与装备

测评场地、器材与装备按如下规定：

a） 场地：硬质平整地面，10 m×20 m 的测评区，以 8 m 为半径画一个半圆，每个标志桶间距弦长 2.8 m(取小数点后一位)，共 10 个标志桶；

b） 器材：50 m 钢卷尺 1 把、秒表 1 块、哨子 1 个、标志桶 10 个、计数器 1 个、轮滑球（厚度 22 mm～30 mm，直径 77 mm，质量 120 g～130 g 之间，黑色）、宽 5 cm 胶带、手旗 1 个；

c） 装备：同 5.5.4.1.1c）。

5.5.4.2.2 测评员工作

测评工作由 2 名测评员完成。其测评工作包括但不限于：

a） 2 名测评员站位如图 20 所示；

b） 1 号测评员发令、计时，同时观察受测者观测点完成情况；

c） 2 号测评员计数、记录成绩，同时观察受测者观测点完成情况；

d） 测试结束，测评员根据受测者观测点完成情况和完成次数，取 2 次中个人最好成绩，评定其是否合格。

5.5.4.2.3 测试步骤

受测者测试步骤如下：

a） 佩戴完整装备，至受测者位置，举手示意，听到测试指令后开始测试，如图 20 所示；

b） 在 90 s 内，运用正手向标志桶完成 10 次传球；

c） 规定时间结束或完成规定传球次数，测试结束。

每名受测者 2 次测试机会。

单位为米

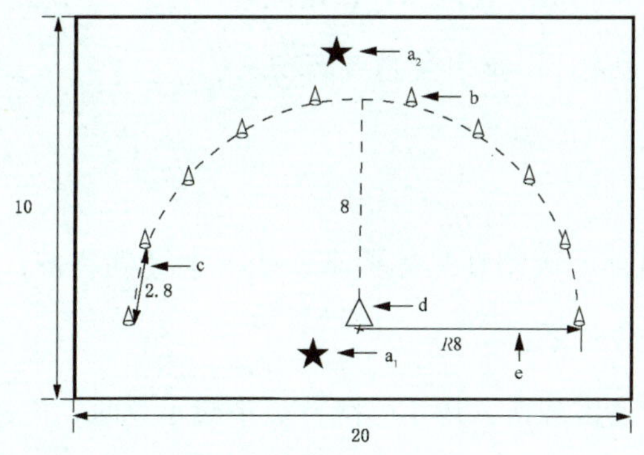

标引序号说明：

a_1、a_2——测评员位置；

b ——标志桶；

c ——弦长；

d ——受测者位置；

e ——半径。

图 20 定向传球测试示意图

1 测评员工作

共 2 名测评员，站位如图 20 所示。

（1）测评前，测评员讲解测评内容及要求，并检查所有受测者的装备。

（2）测评中，测评员就位，分工如下：

① 1 号测评员

a. 一手持手旗，另一手持秒表，手臂夹持记录表。

b. 举旗示意受测者和 2 号测评员准备后，平举手旗，准备吹哨发令。

c. 哨声响起，同时下划手旗，开始计时。

d. 受测者完成 10 次传球，停止计时，并记录时间。

② 2 号测评员

a. 一手持计数器、待 1 号测评员举旗示意后，准备测评。

b. 听到哨声响起，受测者传球，开始计数。受测者完成 10 次传球后停止计数。

c. 全程观察受测者在评测区的表现，并记录传球击中数量和不符合要求的情况。

d. 结合 1 号测评员的记录表，综合评定测评结果。

（3）测评后，2 号测评员指引受测者离场。

2 测评步骤

受测者应在测试前明确测评具体要求，按要求穿戴装备，每名受测者有 2 次测试机会。具体测试步骤如下：

（1）受测者在准备区等待，待 1 号测评员举旗示意时，向测评员举手示意。

（2）听 1 号测评员哨声，按照规定要求完成测评内容。

（3）完成测评后回到准备区，准备第 2 次测评。

（4）2 次测评均完成后，经测评员指引离场。

（三）成套动作——滑行运球

5.5.4.3 成套动作——滑行运球

5.5.4.3.1 场地器材与装备

测评场地、器材与装备按如下规定：

a） 场地：硬质平整地面，20 m×40 m 的测评区，布置矩形 30.2 m×13.4 m，周长为 87.2 m；

b） 器材：50 m 钢卷尺 1 把、秒表 1 块、哨子 1 个、轮滑球（厚度 22 mm～30 mm，直径 77 mm，质量 120 g～130 g 之间，黑色）、宽 5 cm 胶带、手旗 1 个；

c） 装备：同 5.5.4.1.1c）。

5.5.4.3.2 测评员工作

测评工作由 2 名测评员完成。其测评工作包括但不限于：

a） 2 名测评员站位如图 21 所示；

b） 1 号测评员发令、计时、记录成绩，同时观察受测者观测点完成情况，受测者滑行 2 圈后通过终点线计时停止；

c） 2 号测评员观察受测者观测点完成情况；

d） 测试结束，测评员根据受测者观测点完成情况和滑行时间，取 2 次中个人最好成绩，评定其是否合格。

5.5.4.3.3 测试步骤

受测者测试步骤如下：

a） 佩戴完整装备，至起点线后，举手示意，听到测试指令后开始测试，如图 21 所示；

b） 运用双手运球，沿逆时针方向滑行 2 圈；

c） 通过终点线计时停止，测试结束。

每名受测者 2 次测试机会。

单位为米

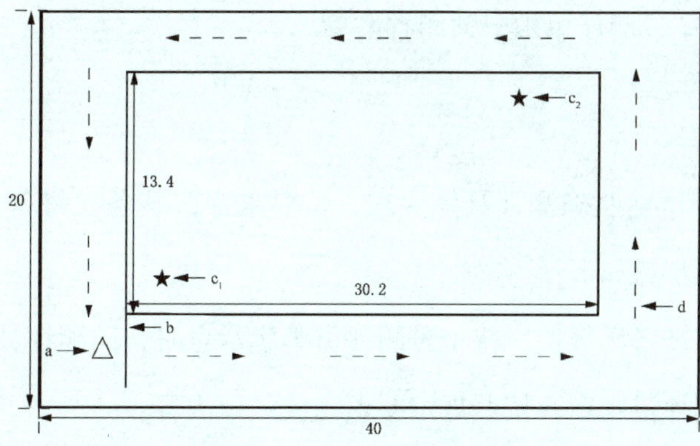

标引序号说明：

a ——受测者位置；

b ——起/终点线；

c_1、c_2 ——测评员位置；

d ——滑行轨迹。

图 21 滑行运球测试示意图

1 测评员工作

共2名测评员，站位如图21所示。

（1）测评前，测评员讲解测评内容及要求，并检查所有受测者的装备。

（2）测评中，测评员就位，分工如下：

①1号测评员

a. 一手持手旗，另一手持秒表，手臂夹持记录表。

b. 举旗示意受测者和2号测评员准备后，平举手旗，准备吹哨发令。

c. 哨声响起，同时下划手旗，开始计时。

d. 受测者滑行2圈通过起（终）点线，停止计时，并记录时间。

e. 全程观察受测者在评测区的表现，并记录时间和不符合要求的情况。

②2号测评员

a. 待1号测评员举旗示意后，准备测评。

b. 全程观察受测者在评测区的表现，并记录不符合要求的情况。

c. 测评结束后，结合1号测评员的记录表，综合评定测评结果。

（3）测评后，2号测评员指引受测者离场。

2 测试步骤

受测者应在测试前明确测评具体要求，按要求穿戴装备，每名受测者有2次测试机会。具体测试步骤如下：

（1）受测者在准备区等待，待1号测评员举旗示意时，向测评员举手示意。

（2）听1号测评员哨声，按照规定要求完成测评内容。

（3）完成测评后回到准备区，准备第2次测评。

（4）2次测评均完成后，经测评员指引离场。

三、单排轮滑球五级测评工具

（一）成绩记录表

测评员应对每名受测者的实际表现进行评判并记录。每项测评内容的各观测点均达合格要求即为合格。定点五向拨球成绩记录表如表 8-1 所示，定向传球成绩记录表如表 8-2 所示，滑行运球成绩记录表如表 8-3 所示。

表 8-1　定点五向拨球成绩记录表

姓名	性别	观测点			合格情况
		拨球要求（保持双脚平行朝向正前方；球未失控，球产生位移；5 个点均完成规定次数）	身体表现（未离开测评区域）	完成时间（男≤ 90 s；女≤ 100 s）	
×××	男	√	√	√	√
×××	女	√	√	√	√
注：若受测者表现达到合格要求，在相应位置画“√”；不合格画“×”					
测评员：			记录时间：　年　　月　　日		

表 8-2　定向传球成绩记录表

姓名	性别	观测点			合格情况
		传球要求（下手向标志桶推出，上手回拉；按照一定方向依次完成传球；标志桶被击倒或发生位移）	身体表现（未离开测评区域）	完成次数（男≥ 8 次；女≥ 6 次）	
×××	男	√	√	√	√
×××	女	√	√	√	√
注：若受测者表现达到合格要求，在相应位置画“√”；不合格画“×”					
测评员：			记录时间：　年　　月　　日		

表 8-3　滑行运球成绩记录表

姓名	性别	观测点				合格情况
		运球要求（双手运球；球位于身体侧面，持续控球；滑行 2 圈）	滑行区域（未缩短滑行距离）	身体表现（途中无摔倒）	滑行时间（男≤ 40 s；女≤ 50 s）	
×××	男	√	√	√	√	√
×××	女	√	√	√	√	√
注：若受测者表现达到合格要求，在相应位置画“√”；不合格画“×”						
测评员：			记录时间：　年　　月　　日			

（二）达标记录表

测评员应根据每名受测者各项测评内容的合格情况，对其达标情况作出评判。各项测评内容均合格为达标。单排轮滑球五级测评达标记录表如表 8-4 所示。

表 8-4　单排轮滑球五级测评达标记录表

姓名	各项测评内容合格情况			达标情况
	定点五向拨球	定向传球	滑行运球	
×××	√	√	√	√
×××	√	√	√	√
注：各项测评内容均合格为达标；根据受测者合格情况和达标情况在相应位置画“√”或“×”				
测评员：		记录时间：　年　　月　　日		

四、单排轮滑球五级测评操作视频

单排轮滑球五级测评
操作视频

第九章

轮滑课程学生运动能力五级测评（轮滑阻拦）

一、轮滑阻拦五级达标要求

4.2.5.4　**轮滑阻拦**

4.2.5.4.1　轮滑阻拦五级测评内容及要求应符合表 8 的要求。

表 8　轮滑阻拦五级测评内容及要求

测评内容		观测点	合格要求	
单个动作	绕障碍滑行	滑行要求	运用急转； 滑行 2 圈	完成时间： 男≤40 s；女≤43 s
		滑行路线	按规定路线滑行，绕过所有标志桶	
		身体表现	途中无摔倒	
	180 °转体	滑行要求	转体后保持平稳滑行，双脚未同时离地； 在规定区域完成转体； 滑行 2 圈	滑行时间： 男≤50 s；女≤55 s
		滑行区域	未缩短滑行距离	
		身体表现	途中无摔倒	
成套动作	绕障碍综合滑行	滑行要求	动作次序正确；在规定区域完成转体； 标志桶未发生位移；滑行 3 圈	滑行时间： 男≤62 s；女≤68 s
		滑行区域	未缩短滑行距离	
		身体表现	途中无摔倒	

4.2.5.4.2　轮滑阻拦五级应达到表 8 规定的合格要求，每名测评员均判定合格为达标。

1 单个动作——绕障碍滑行

受测者双膝微屈，腰部发力转体，带动膝盖和脚踝转向，重心放在双脚之间，双脚保持平行，上身保持直立，两臂置于体侧自然摆动，双脚平行滑行绕过障碍。（图 9-1）

（1）向右绕障碍滑行

（2）向左绕障碍滑行

图 9-1　绕障碍滑行

2 单个动作——180°转体

受测者身体直立，双膝微屈，两臂置于体侧自然摆动，左脚支撑弧线滑行，同时转肩、转髋，右腿抬起，双脚成外八字，右脚落地支撑后，左脚抬起完成转向，双脚平行，开始倒滑，完成 180° 转体。（图 9-2）

图 9-2　180° 转体

3 成套动作——绕障碍综合滑行

受测者在 A 区完成 V 字起跑，B 区完成绕障碍滑行，C 区完成 2 次 180° 转体接 V 字起跑，D 区完成横向滑行。

二、轮滑阻拦五级测评方法

（一）单个动作——绕障碍滑行

5.5.5.1 单个动作——绕障碍滑行

5.5.5.1.1 场地器材与装备

测评场地、器材与装备按如下规定：

a） 场地：硬质平整地面，23 m×33 m 的测评区，在 C、D 区直弯道交界处，按顺时针方向标记 3 个 3.048 m 的点，每个标志桶放在额外赛道线距离内边线 1 m 或外边线 1 m；

b） 器材：50 m 钢卷尺 2 把、秒表 1 块、哨子 1 个、宽 5 cm 胶带、标志桶 4 个（高 18 cm）、手旗 1 个；

c） 装备：单排轮滑阻拦鞋（轮子直径 77 mm～79 mm、四轮同时着地、轮架长度小于或等于 243 mm）、护具（圆形盔、护膝、护肘、护手）。

5.5.5.1.2 测评员工作

测评工作由 2 名测评员完成。其测评工作包括但不限于：

a） 2 名测评员站位如图 22 所示；

b） 1 号测评员发令、计时、记录成绩，同时观察受测者观测点完成情况，受测者滑行 2 圈后通过终点线计时停止；

c） 2 号测评员观察受测者观测点完成情况；

d） 测试结束，测评员根据受测者观测点完成情况和滑行时间，取 2 次中个人最好成绩，评定其是否合格。

5.5.5.1.3 测试步骤

受测者测试步骤如下：

a） 佩戴完整装备，至起点线后，举手示意，听到测试指令后开始测试，如图 22 所示；

b） 运用急转按规定路线绕过标志桶，沿逆时针方向滑行 2 圈；

c） 通过终点线计时停止，测试结束。

每位受测者 2 次测试机会。

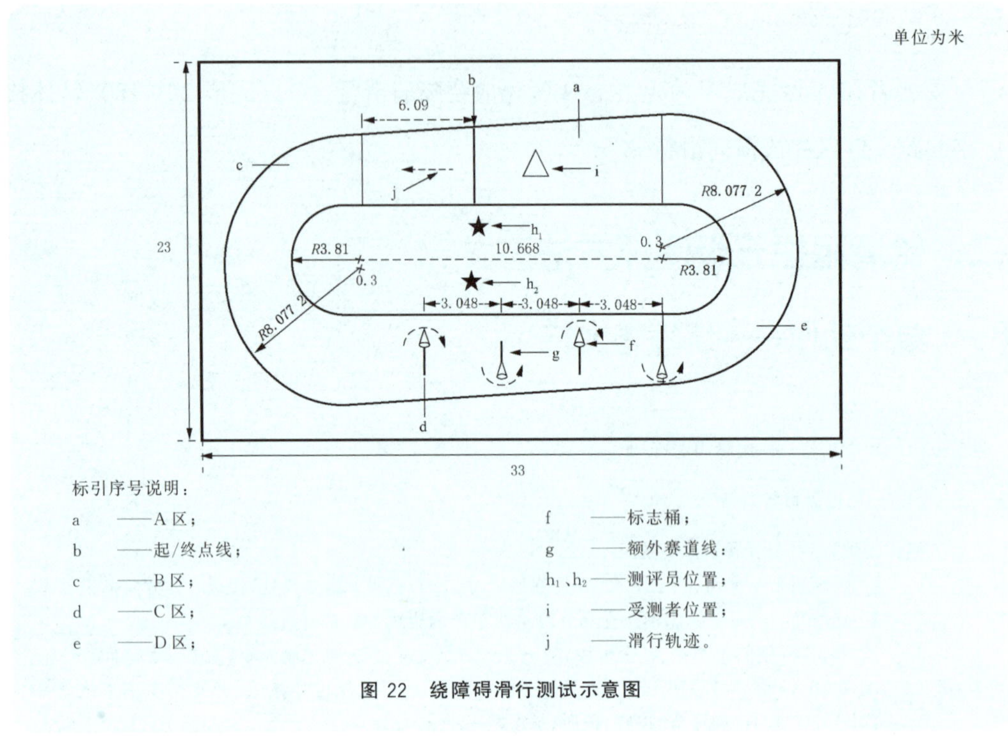

图 22 绕障碍滑行测试示意图

1 测评员工作

共 2 名测评员，站位如图 22 所示。

（1）测评前，测评员讲解测评内容及要求，并检查所有受测者的装备。

（2）测评中，测评员就位，分工如下：

① 1 号测评员

a. 一手持手旗，另一手持秒表，手臂夹持记录表。

b. 举旗示意受测者和 2 号测评员准备后，平举手旗，准备吹哨发令。

c. 哨声响起，同时下划手旗，开始计时。

d. 受测者通过起（终）点线，停止计时，并记录时间。

② 2 号测评员

a. 待 1 号测评员举旗后，举手示意并准备测评。

b. 全程观察受测者在评测区的表现，并记录不符合要求的情况。

c. 结合 1 号测评员的记录表，综合评定测评结果。

（3）测评后，1 号测评员指引受测者离场。

2 测试步骤

受测者应在测试前明确测评具体要求，按要求穿戴装备，每名受测者有 2 次测试机会。具体测试步骤如下：

（1）受测者在准备区等待，待 1 号测评员举旗示意时，向测评员举手示意。

（2）听 1 号测评员哨声，按照规定要求完成测评内容。

（3）完成测评后回到准备区，准备第 2 次测评。

（4）2 次测评均完成后，经测评员指引离场。

（二）单个动作——180° 转体

5.5.5.2 **单个动作——180 °转体**

5.5.5.2.1 **场地器材与装备**

测评场地、器材与装备按如下规定：

a） 场地：硬质平整地面，23 m×33 m 的测评区，A 区、B 区分别为两个直道，间距为 10.668 m；

b） 器材：50 m 钢卷尺 2 把、秒表 1 块、哨子 1 个、宽 5 cm 胶带、手旗 1 个；

c） 装备：同 5.5.5.1.1c）。

5.5.5.2.2 **测评员工作**

测评工作由 2 名测评员完成。其测评工作包括但不限于：

a） 2 名测评员站位如图 23 所示；

b） 1 号测评员发令、计时、记录成绩，同时观察受测者观测点完成情况，受测者滑行 2 圈后通过终点线计时停止；

c） 2 号测评员观察受测者观测点完成情况；

d） 测试结束，测评员根据受测者观测点完成情况和滑行时间，取 2 次中个人最好成绩，评定其是否合格。

5.5.5.2.3 **测试步骤**

受测者测试步骤如下：

a） 佩戴完整装备，至起点线后，举手示意，听到测试指令后开始测试，如图 23 所示；

b） 分别在 A、B 两个区域完成 2 次 180 °转体，沿逆时针方向滑行 2 圈；

c） 通过终点线计时停止，测试结束。

每名受测者 2 次测试机会。

单位为米

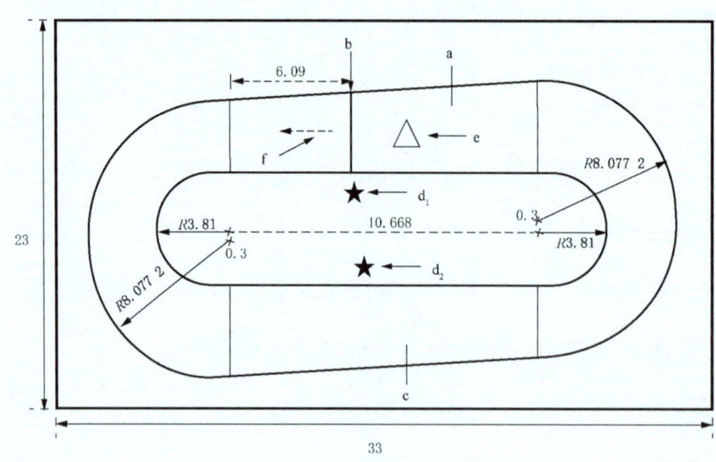

标引序号说明：

a ——A 区；

b ——起/终点线；

c ——B 区；

d_1、d_2 ——测评员位置；

e ——受测者位置；

f ——滑行轨迹。

图 23　180 °转体测试示意图

1 测评员工作

共 2 名测评员，站位如图 23 所示。

（1）测评前，测评员讲解测评内容及要求，并检查所有受测者的装备。

（2）测评中，测评员就位，分工如下：

① 1 号测评员

a. 一手持手旗，另一手持秒表，手臂夹持记录表。

b. 举旗示意受测者和 2 号测评员准备后，平举手旗，准备吹哨发令。

c. 哨声响起，同时下划手旗，开始计时。

d. 受测者通过起（终）点线，停止计时，并记录时间。

② 2 号测评员

a. 待 1 号测评员举旗后，举手示意并准备测评。

b. 全程观察受测者在评测区的表现，并记录不符合要求的情况。

c. 结合 1 号测评员的记录表，综合评定测评结果。

（3）测评后，1 号测评员指引受测者离场。

2 测试步骤

受测者应在测试前明确测评具体要求，按要求穿戴装备，每名受测者有 2 次测试机会。具体测试步骤如下：

（1）受测者在准备区等待，待 1 号测评员举旗示意时，向测评员举手示意。

（2）听 1 号测评员哨声，按照规定要求完成测评内容。

（3）完成测评后回到准备区，准备第 2 次测评。

（4）2 次测评均完成后，经测评员指引离场。

（三）成套动作——绕障碍综合滑行

5.5.5.3 成套动作——绕障碍综合滑行

5.5.5.3.1 场地器材与装备

测评场地、器材与装备按如下规定：

a） 场地：硬质平整地面，23 m×33 m 的测评区，划分为 4 个区，A、C 区为两个直道；B 区标志桶位于额外赛道线，距离内边线 1 m 或距离外边线 1 m；D 区 4 个标志桶为一组，分别位于弯道 1、3、5 额外赛道线上，距离赛道内边线 1 m 或外边线 1 m；

b） 器材：50 m 钢卷尺 2 把、秒表 1 块、哨子 1 个、宽 5 cm 胶带、标志桶 16 个（高 18 cm）、手旗 1 个；

c） 装备：同 5.5.5.1.1c）。

5.5.5.3.2 测评员工作

测评工作由 2 名测评员完成。其测评工作包括但不限于：

a） 2 名测评员站位如图 24 所示；

b） 1 号测评员发令、计时、记录成绩，同时观察受测者观测点完成情况，受测者滑行 3 圈后通过终点线计时停止；

c） 2 号测评员观察受测者观测点完成情况；

d） 测试结束，测评员根据受测者观测点完成情况和滑行时间，取 2 次中个人最好成绩，评定其是否合格。

5.5.5.3.3 测试步骤

受测者测试步骤如下：

a） 佩戴完整装备，至起点线后，举手示意，听到测试指令后开始测试，如图 24 所示；

b） 在 A 区完成 V 字起跑，B 区完成绕障碍滑行，C 区完成 2 次 180 °转体接 V 字起跑，D 区完成横向滑行，沿逆时针方向滑行 3 圈；

c） 通过终点线计时停止，测试结束。

每名受测者 2 次测试机会。

单位为米

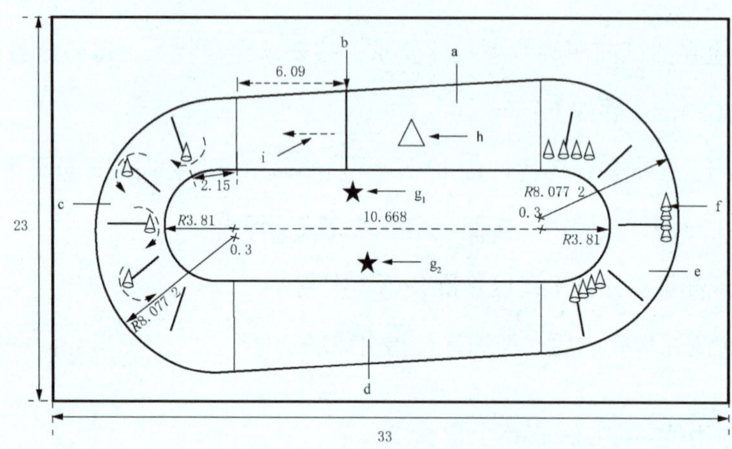

标引序号说明：

a——A 区；

b——起/终点线；

c——B 区；

d——C 区；

e——D 区；

f——标志桶；

g_1、g_2——测评员位置；

h——受测者位置；

i——滑行轨迹。

图 24 绕障碍综合滑行测试示意图

1 测评员工作

共 2 名测评员，站位如图 24 所示。

（1）测评前，测评员讲解测评内容及要求，并检查所有受测者的装备。

（2）测评中，测评员就位，分工如下：

① 1 号测评员

a. 一手持手旗，另一手持秒表，手臂夹持记录表。

b. 举旗示意受测者和 2 号测评员准备后，平举手旗，准备吹哨发令。

c. 哨声响起，同时下划手旗，开始计时。

d. 受测者通过起（终）点线，停止计时，并记录时间。

② 2 号测评员

a. 待 1 号测评员举旗后，举手示意并准备测评。

b. 全程观察受测者在评测区的表现，并记录不符合要求的情况。

c. 结合 1 号测评员的记录表，综合评定测评结果。

（3）测评后，1 号测评员指引受测者离场。

2 测试步骤

受测者应在测试前明确测评具体要求，按要求穿戴装备，每名受测者有 2 次测试机会。具体测试步骤如下：

（1）受测者在准备区等待，待 1 号测评员举旗示意时，向测评员举手示意。

（2）听 1 号测评员哨声，按照规定要求完成测评内容。

（3）完成测评后回到准备区，准备第 2 次测评。

（4）2 次测评均完成后，经测评员指引离场。

三、轮滑阻拦五级测评工具

（一）成绩记录表

测评员应对每名受测者的实际表现进行评判并记录。每项测评内容的各观测点均达合格要求即为合格。绕障碍滑行成绩记录表如表 9-1 所示，180° 转体成绩记录表如表 9-2 所示，绕障碍综合滑行成绩记录表如表 9-3 所示。

表 9-1　绕障碍滑行成绩记录表

姓名	性别	观测点				合格情况
		滑行要求（运用急转；滑行 2 圈）	滑行路线（按规定路线滑行，绕过所有标志桶）	身体表现（途中无摔倒）	完成时间（男≤ 40 s；女≤ 43 s）	
×××	男	√	√	√	√	√
×××	女	√	√	√	√	√
注：若受测者表现达到合格要求，在相应位置画“√”；不合格画“×”						
测评员：				记录时间：　年　月　日		

表 9-2　180° 转体成绩记录表

姓名	性别	观测点				合格情况
		滑行要求（转体后保持平稳滑行，双脚未同时离地；在规定区完成转体；滑行 2 圈）	滑行区域（未缩短滑行距离）	身体表现（途中无摔倒）	滑行时间（男≤ 50 s；女≤ 55 s）	
×××	男	√	√	√	√	√
×××	女	√	√	√	√	√
注：若受测者表现达到合格要求，在相应位置画“√”；不合格画“×”						
测评员：				记录时间：　年　月　日		

表 9-3　绕障碍综合滑行成绩记录表

姓名	性别	观测点				合格情况
		滑行要求（动作次序正确；在规定区域完成转体；标志桶未发生位移；滑行 3 圈）	滑行区域（未缩短滑行距离）	身体表现（途中无摔倒）	滑行时间（男≤ 62 s；女≤ 68 s）	
×××	男	√	√	√	√	√
×××	女	√	√	√	√	√
注：若受测者表现达到合格要求，在相应位置画“√”；不合格画“×”						
测评员：				记录时间：　年　月　日		

（二）达标记录表

测评员应根据每名受测者各项测评内容的合格情况，对其达标情况作出评判。各项测评内容均合格为达标。轮滑阻拦五级测评达标记录表如表 9-4 所示。

表 9-4　轮滑阻拦五级测评达标记录表

姓名	各项测评内容合格情况			达标情况
	绕障碍滑行	180° 转体	绕障碍综合滑行	
×××	√	√	√	√
×××	√	√	√	√
注：各项测评内容均合格为达标；根据受测者合格情况和达标情况在相应位置画“√”或“×”				
测评员：			记录时间：　年　月　日	

四、轮滑阻拦五级测评操作视频

轮滑阻拦五级测评
操作视频

第十章

轮滑课程学生运动能力五级测评（花样轮滑队列滑）

一、花样轮滑队列滑五级达标要求

4.2.5.5 **花样轮滑队列滑**

4.2.5.5.1 花样轮滑队列滑五级测评内容及要求应符合表 9 的要求。

表 9 花样轮滑队列滑五级测评内容及要求

<table>
<tr><th colspan="2">测评内容</th><th>观测点</th><th colspan="2">合格要求</th></tr>
<tr><td rowspan="5">单个动作</td><td rowspan="2">前外曲线步</td><td>滑行要求</td><td>上身直立，两臂侧平举；
外刃滑行；
绕过所有标志桶</td><td rowspan="2">滑行时间：
男≤17 s；女≤18 s</td></tr>
<tr><td>身体表现</td><td>途中无摔倒</td></tr>
<tr><td rowspan="3">单足抬腿</td><td>滑行要求</td><td>上身直立，两臂侧平举，
浮足贴近支撑腿膝盖</td><td rowspan="3">滑行距离：
男≥7 m；女≥6 m</td></tr>
<tr><td>滑行路线</td><td>按规定路线滑行</td></tr>
<tr><td>身体表现</td><td>途中无摔倒</td></tr>
<tr><td rowspan="3">成套动作</td><td rowspan="3">方块阵—圆形阵路线滑行</td><td>滑行要求</td><td>按照规定动作顺序完成</td><td rowspan="3">滑行时间：
男≤35 s；女≤40 s</td></tr>
<tr><td>滑行路线</td><td>按规定路线滑行</td></tr>
<tr><td>身体表现</td><td>途中无摔倒</td></tr>
</table>

4.2.5.5.2 花样轮滑队列滑五级应达到表 9 规定的合格要求，每名测评员均判定合格为达标。

1 单个动作——前外曲线步

受测者上身直立微前倾，保持重心稳定。双臂侧平举自然摆动，微屈膝，连贯使用外刃滑行，避免使用平刃。换腿时屈膝并保持膝盖弹性，支撑腿沿着标志线左右画弧线，浮腿在身体后方，直至与支撑腿平行，在接近中线时交叉，使用前脚外刃继续画弧线，重复上述动作。（图 10–1）

图 10–1　前外曲线步

2 单个动作——单足抬腿

受测者在滑行时保持身体平衡，选择任意一腿做支撑腿，保持惯性滑行，同时抬起另一条腿。此时，小腿和踝关节自然放松，脚跟内侧贴近支撑腿膝盖内侧。在抬腿的过程中，要注意通过抬高大腿来带动小腿上抬。（图 10–2）

图 10–2　单足抬腿

3 成套动作——方块阵—圆形阵路线滑行

受测者滑行过程中，降低重心，先按规定的方块阵路线滑行，并在方块阵路线滑行中完成3次前外曲线步，然后按规定的圆形阵路线沿逆时针方向滑行，并在滑行中完成3次单足抬腿，每次单足抬腿需保持2 s，不得缩短滑行距离或摔倒。

二、花样轮滑队列滑五级测评方法

（一）单个动作——前外曲线步

5.5.6.1 单个动作——前外曲线步

5.5.6.1.1 场地器材与装备

测评场地、器材与装备按如下规定：

a) 场地：硬质平整地面，40 m×20 m 的测评区，划分为 3 个区：准备区 4 m×20 m、评测区 21 m×20 m(间距为 3 m 的 8 个标志桶)、缓冲区 15 m×20 m；

b) 器材：50 m 钢卷尺 1 把、秒表 1 块、哨子 1 个、宽 5 cm 胶带、标志桶 8 个(高 48 cm)、手旗 1 个；

c) 装备：单排花样轮滑鞋。

5.5.6.1.2 测评员工作

测评工作由 3 名测评员完成。其测评工作包括但不限于：

a) 3 名测评员站位如图 25 所示；

b) 1 号测评员发令，同时观察受测者观测点完成情况；

c) 2 号测评员观察受测者观测点完成情况；

d) 3 号测评员计时、记录成绩，同时观察受测者观测点完成情况，受测者通过评测区计时停止；

e) 测试结束，测评员根据受测者观测点完成情况和滑行时间，取 2 次中个人最好成绩，评定其是否合格。

5.5.6.1.3 测试步骤

受测者测试步骤如下：

a) 佩戴完整装备，至准备区，举手示意，听到测试指令后开始测试，如图 25 所示；

b) 在评测区运用前外曲线步完成规定路线滑行；

c) 通过评测区计时停止，测试结束。

每名受测者 2 次测试机会。

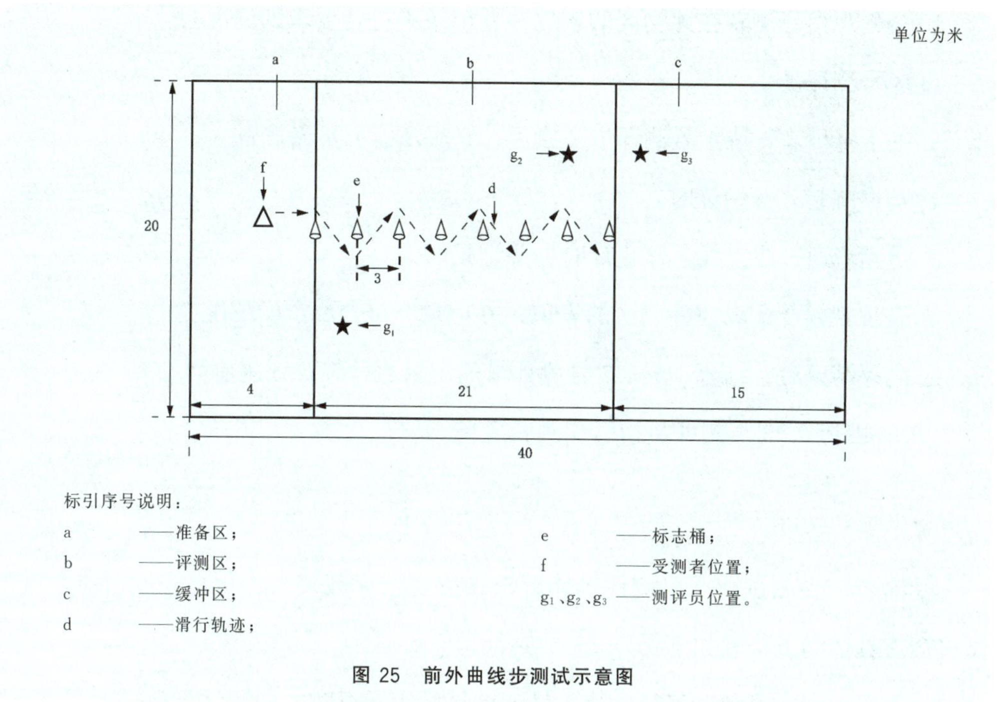

图 25 前外曲线步测试示意图

解读

1 测评员工作

共 3 名测评员，站位如图 25 所示。

（1）测评前，测评员讲解测评内容及要求，并检查所有受测者的装备。

（2）测评中，测评员就位，分工如下：

① 1 号测评员

a. 一手持手旗。

b. 举旗示意受测者和 2 号、3 号测评员准备后，平举手旗，准备吹哨发令。

c. 哨声响起，同时下划手旗，测评开始。

d. 观察受测者在评测区的表现，并记录不符合要求的情况。

② 2 号测评员

a. 待 1 号测评员举旗后，举手示意并准备测评。

b. 全程观察受测者在评测区的表现，并记录不符合要求的情况。

③ 3 号测评员

a. 一手持秒表，待 1 号测评员举旗后，举手示意并准备测评。

b. 哨声响起，开始计时。

c. 受测者通过终点线，停止计时，并记录时间。

d. 全程观察受测者在评测区的表现，并记录不符合要求的情况。

e. 测评结束后，结合 1 号、2 号测评员的记录表，综合评定测评结果。

（3）测评后，3 号测评员指引受测者离场。

2 测试步骤

受测者应在测试前明确测评具体要求，按要求穿戴装备，每名受测者有 2 次测试机会。具体测试步骤如下：

（1）受测者在准备区等待，待 1 号测评员举旗示意时，向测评员举手示意。

（2）听 1 号测评员哨声，按照规定要求完成测评内容。

（3）完成测评后回到准备区，准备第 2 次测评。

（4）2 次测评均完成后，经测评员指引离场。

（二）单个动作——单足抬腿

5.5.6.2　单个动作——单足抬腿

5.5.6.2.1　场地器材与装备

测评场地、器材与装备按如下规定：

a）　场地：硬质平整地面，40 m×20 m 的测评区，划分为 3 个区：加速区 10 m×20 m、评测区 10 m×20 m(间隔为 1 m 的 10 个标志桶)、缓冲区 20 m×20 m；

b）　器材：50 m 钢卷尺 1 把、哨子 1 个、宽 5 cm 胶带、标志桶 10 个(高 48 cm)、手旗 1 个；

c）　装备：同 5.5.6.1.1c)。

5.5.6.2.2　测评员工作

测评工作由 3 名测评员完成。其测评工作包括但不限于：

a）　3 名测评员站位如图 26 所示；

b）　1 号测评员发令；

c）　2 号测评员观察受测者观测点完成情况；

d） 3号测评员观察滑行距离、记录成绩；

e） 测试结束，测评员根据受测者观测点完成情况和滑行距离，取2次中个人最好成绩，评定其是否合格。

5.5.6.2.3 测试步骤

受测者测试步骤如下：

a） 佩戴完整装备，至受测者位置，举手示意，听到测试指令后开始测试，如图26所示；

b） 通过加速区，选择任意一侧腿，运用单足抬腿滑行通过评测区；

c） 通过评测区或中途落脚，测试结束。

每名受测者2次测试机会。

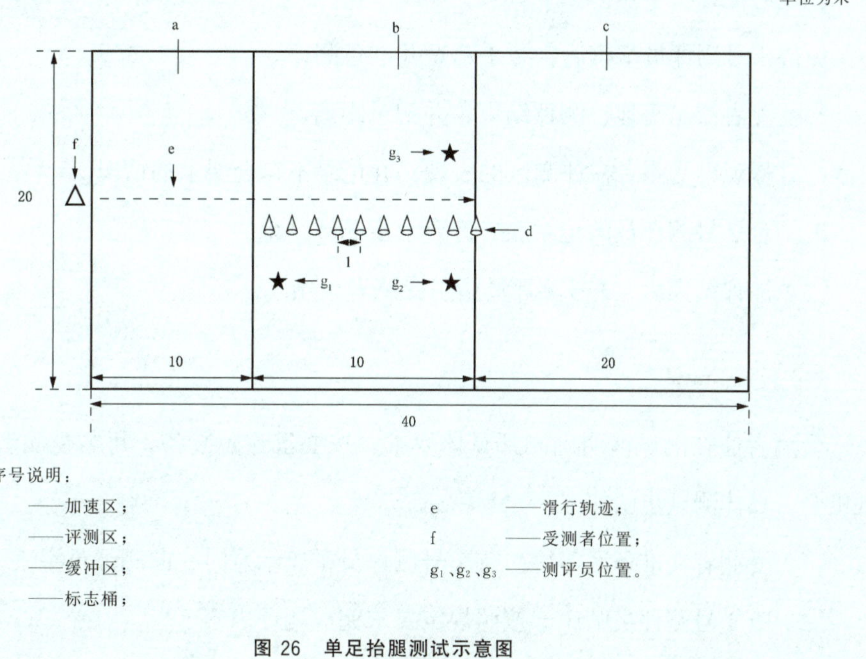

标引序号说明：

a ——加速区；

b ——评测区；

c ——缓冲区；

d ——标志桶；

e ——滑行轨迹；

f ——受测者位置；

g_1、g_2、g_3 ——测评员位置。

图26 单足抬腿测试示意图

解读

1 测评员工作

共3名测评员，站位如图26所示。

（1）测评前，测评员讲解测评内容及要求，并检查所有受测者的装备。

（2）测评中，测评员就位，分工如下：

①1号测评员

a. 一手持手旗。

b. 举旗示意受测者和 2 号、3 号测评员准备后，平举手旗，准备吹哨发令。

c. 哨声响起，同时下划手旗，测评开始。

② 2 号测评员

a. 待 1 号测评员举旗后，举手示意并准备测评。

b. 全程观察受测者在评测区的表现，并记录不符合要求的情况。

③ 3 号测评员

a. 待 1 号测评员举旗后，举手示意并准备测评。

b. 受测者浮足落地，测评结束，并记录距离。

c. 全程观察受测者在评测区的表现，并记录不符合要求的情况。

d. 结合 2 号测评员的记录表，综合评定测评结果。

（3）测评结束后，3 号测评员指引受测者离场。

2 测试步骤

受测者应在测试前明确测评具体要求，按要求穿戴装备，每名受测者有 2 次测试机会。具体测试步骤如下：

（1）受测者在准备区等待，待 1 号测评员举旗示意时，向测评员举手示意。

（2）听 1 号测评员哨声，按照规定要求完成测评内容。

（3）完成测评后回到准备区，准备第 2 次测评。

（4）2 次测评均完成后，经测评员指引离场。

（三）成套动作——方块阵—圆形阵路线滑行

5.5.6.3　成套动作——方块阵—圆形阵路线滑行

5.5.6.3.1　场地器材与装备

测评场地、器材与装备按如下规定：

a）　场地：硬质平整地面，40 m×20 m 的测评区，方块阵路线长 30 m（距离长边 2 m）、宽 10 m；圆形阵路线的圆心距离受测者短边线 17 m，半径 8 m，距离长边线 10 m；

b） 器材：同 5.1.1.1b)；

c） 装备：同 5.5.6.1.1c)。

5.5.6.3.2 测评员工作

测评工作由 3 名测评员完成。其测评工作包括但不限于：

a） 3 名测评员站位如图 27 所示；

b） 1 号测评员发令；

c） 2 号测评员观察受测者观测点完成情况；

d） 3 号测评员计时、记录成绩，受测者完成规定路线和规定动作次数计时停止；

e） 测试结束，测评员根据受测者观测点完成情况和滑行时间，取 2 次中个人最好成绩，评定其是否合格。

5.5.6.3.3 测试步骤

受测者测试步骤如下：

a） 佩戴完整装备，至受测者位置，举手示意，听到测试指令后开始测试，如图 27 所示；

b） 在测评区运用规定动作完成方块阵—圆形阵路线滑行，在方块阵路线中，完成 3 次前外曲线步；在圆形阵路线中，沿逆时针方向完成 3 次单足抬腿滑行；

c） 完成规定路线和规定动作次数计时停止，测试结束。

每名受测者 2 次测试机会。

单位为米

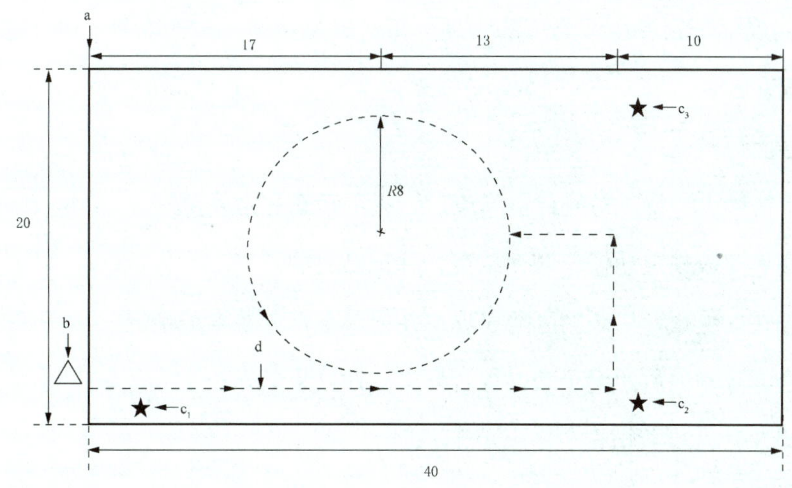

标引序号说明：

a ——起点线；

b ——受测者位置；

c_1、c_2、c_3 ——测评员位置；

d ——滑行轨迹。

图 27 方块阵—圆形阵路线滑行测试示意图

1 测评员工作

共 3 名测评员，站位如图 27 所示。

（1）测评前，测评员讲解测评内容及要求，并检查所有受测者的装备。

（2）测评中，测评员就位，分工如下：

① 1 号测评员

a. 一手持手旗。

b. 举旗示意受测者和 2 号、3 号测评员准备后，平举手旗，准备吹哨发令。

c. 哨声响起，同时下划手旗，测评开始。

② 2 号测评员

a. 待 1 号测评员举旗后，举手示意并准备测评。

b. 全程观察受测者在评测区的表现，每次单足抬腿不少于 2 秒，并记录不符合要求的情况。

③ 3 号测评员

a. 一手持秒表，待 1 号测评员举旗后，举手示意并准备测评。

b. 受测者完成规定动作，测评结束，并记录时间。

c. 全程观察受测者在评测区的表现，并记录不符合要求的情况。

d. 结合 2 号测评员的记录表，综合评定测评结果。

（3）测评后，3 号测评员指引受测者离场。

2 测试步骤

受测者应在测试前明确测评具体要求，按要求穿戴装备，每名受测者有 2 次测试机会。具体测试步骤如下：

（1）受测者在准备区等待，待 1 号测评员举旗示意时，向测评员举手示意。

（2）听 1 号测评员哨声，按照规定要求完成测评内容。

（3）完成测评后回到准备区，准备第 2 次测评。

（4）2 次测评均完成后，经测评员指引离场。

三、花样轮滑队列滑五级测评工具

（一）成绩记录表

测评员应对每名受测者的实际表现进行评判并记录。每项测评内容的各观测点均达合格要求即为合格。前外曲线步成绩记录表如表 10-1 所示，单足抬腿成绩记录表如表 10-2 所示，方形阵—圆形阵路线滑行成绩记录表如表 10-3 所示。

表 10-1 前外曲线步成绩记录表

姓名	性别	观测点			合格情况
		滑行要求（上身直立，两臂侧平举；外刃滑行；绕过所有标志桶）	身体表现（途中无摔倒）	滑行时间（男≤ 17 s；女≤ 18 s）	
×××	男	√	√	√	√
×××	女	√	√	√	√
注：若受测者表现达到合理要求，在相应位置画“√”；不合格画“×”					
测评员：		记录时间： 年 月 日			

表 10-2 单足抬腿成绩记录表

姓名	性别	观测点				合格情况
		滑行要求（上身直立，两臂侧平举，浮足贴近支撑腿膝盖）	滑行路线（按规定路线滑行）	身体表现（途中无摔倒）	滑行距离（男≥ 7 m；女≥ 6 m）	
×××	男	√	√	√	√	√
×××	女	√	√	√	√	√
注：若受测者表现达到合理要求，在相应位置画“√”；不合格画“×”						
测评员：				记录时间： 年 月 日		

表 10-3　方块阵—圆形阵路线滑行成绩记录表

姓名	性别	观测点				合格情况
		滑行要求（按照规定动作顺序完成）	滑行路线（按规定路线滑行）	身体表现（途中无摔倒）	滑行时间（男≤ 35 s；女≤ 40 s）	
×××	男	√	√	√	√	√
×××	女	√	√	×	√	×
注：若受测者表现达到合理要求，在相应位置画“√”；不合格画“×”						
测评员：				记录时间：　年　月　日		

（二）达标记录表

测评员应根据每名受测者各项测评内容的合格情况，对其达标情况作出评判。各项测评内容均合格为达标。花样轮滑队列滑五级测评达标记录表如表 10-4 所示。

表 10-4　花样轮滑队列滑五级测评达标记录表

姓名	各项测评内容合格情况			达标情况
	前外曲线步	单足抬腿	方块阵—圆形阵路线滑行	
×××	√	√	√	√
×××	√	√	×	×
注：各项测评内容均合格为达标；根据受测者合格情况和达标情况在相应位置画“√”或“×”				
测评员：		记录时间：　年　月　日		

四、花样轮滑队列滑五级测评操作视频

花样轮滑队列滑五级测评操作视频

第十一章

轮滑课程学生运动能力六级测评（速度轮滑）

一、速度轮滑六级达标要求

4.2.6.1 速度轮滑

4.2.6.1.1 速度轮滑六级测评内容及要求应符合表 10 的要求。

表 10 速度轮滑六级测评内容及要求

<table>
<tr><th colspan="2">测评内容</th><th>观测点</th><th colspan="2">合格要求</th></tr>
<tr><td rowspan="5">单个动作</td><td rowspan="3">“8”字路线滑行</td><td>滑行要求</td><td>运用交叉步滑行，蹬摆节奏一致；
目视滑行方向；
滑行 2 圈</td><td rowspan="3">滑行时间：
男≤90 s；女≤95 s</td></tr>
<tr><td>滑行路线</td><td>按规定路线滑行</td></tr>
<tr><td>身体表现</td><td>途中无摔倒</td></tr>
<tr><td rowspan="2">箭步冲刺滑行</td><td>滑行要求</td><td>上身直立，两臂侧平举，冲刺腿保持弓箭步；
冲线脚前伸，膝盖弯曲大于 90°；
终点线前做冲刺动作</td><td rowspan="2">滑行距离：
男≥10 m；女≥8 m</td></tr>
<tr><td>身体表现</td><td>途中无摔倒</td></tr>
<tr><td rowspan="3">成套动作</td><td rowspan="3">1 000 m 滑行</td><td>滑行要求</td><td>直道运用侧蹬滑行；
弯道运用交叉步滑行；
终点运用箭步冲刺滑行；滑行 10 圈</td><td rowspan="3">滑行时间：
男≤120 s；女≤123 s</td></tr>
<tr><td>滑行区域</td><td>未缩短滑行距离</td></tr>
<tr><td>身体表现</td><td>途中无摔倒</td></tr>
</table>

4.2.6.1.2 速度轮滑六级应达到表 10 规定的合格要求，每名测评员均判定合格为达标。

1 单个动作——“8”字路线滑行

受测者运用交叉步完成顺、逆时针滑行，交叉步动作需明显，蹬腿与摆臂节奏一致，目视滑行方向。（图 11-1）

图 11-1　交叉步逆时针滑行

2 单个动作——箭步冲刺滑行

冲刺时，受测者上身从滑行姿势切换到直立姿势，两臂侧平举，冲刺腿保持弓箭步，后脚向后方伸出，用前轮点地。前脚向前方伸出，使前轮尽可能靠前且不离地，大小腿之间的角度要大于 90°。（图 11-2）

（1）正面图　（2）侧面图

图 11-2　箭步冲刺滑行

3 成套动作——1000 m 滑行

直道运用 V 字起跑和侧蹬摆臂滑行，弯道运用连续交叉步滑行，终点运用箭步冲刺滑行。

二、速度轮滑六级测评方法

(一) 单个动作——“8”字路线滑行

5.6.2.1 单个动作——“8”字路线滑行

5.6.2.1.1 场地器材与装备

测评场地、器材与装备按如下规定：

a） 场地：硬质平整地面，40 m×20 m 的测评区，两个圆半径为 7 m、两个圆心间距 17 m，起/终点线位于两圆圆心连接线上；

b） 器材：同 5.1.1.1b）；

c） 装备：同 5.5.2.1.1c）。

5.6.2.1.2 测评员工作

测评工作由 2 名测评员完成。其测评工作包括但不限于：

a） 2 名测评员站位如图 28 所示；

b） 1 号测评员发令、计时、记录成绩，同时观察受测者观测点完成情况，受测者滑行 2 圈后通过终点线计时停止；

c） 2 号测评员观察受测者观测点完成情况；

d） 测试结束，测评员根据受测者观测点完成情况和滑行时间，取 2 次中个人最好成绩，评定其是否合格。

5.6.2.1.3 测试步骤

受测者测试步骤如下：

a） 佩戴完整装备，至起点线后，举手示意，听到测试指令后开始测试，如图 28 所示；

b） 在评测区运用交叉步滑行，按规定路线滑行 2 圈；

c） 通过终点线计时停止，测试结束。

每名受测者 2 次测试机会。

单位为米

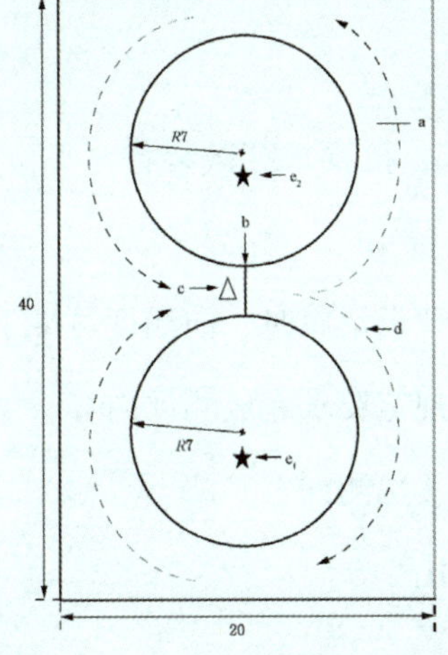

标引序号说明：

a ——评测区；

b ——起/终点线；

c ——受测者位置；

d ——滑行轨迹；

e_1、e_2 ——测评员位置。

图 28 “8”字路线滑行测试示意图

1 测评员工作

共 2 名测评员，站位如图 28 所示。

（1）测评前，测评员讲解测评内容及要求，并检查所有受测者的装备。

（2）测评中，测评员就位，分工如下：

① 1 号测评员

a. 一手持手旗，另一手持秒表，手臂夹持记录表。

b. 举旗示意受测者和 2 号测评员准备后，平举手旗，准备吹哨发令。

c. 哨声响起，同时下划手旗，开始计时。

d. 受测者滑行 2 圈后，停止计时。

e. 全程观察受测者在评测区的表现，并记录时间和不符合要求的情况。

② 2 号测评员

a. 待 1 号测评员举旗示意后，准备测评。

b. 全程观察受测者在加速区和评测区的表现，并记录不符合要求的情况。

c. 测评结束后，结合 1 号测评员的记录表，综合评定测评结果。

（3）测评后，2 号测评员指引受测者离场。

2 测试步骤

受测者应在测试前明确测评具体要求，按要求穿戴装备，每位受测者有 2 次测试机会。具体测试步骤如下：

（1）受测者在准备区等待，待 1 号测评员举旗时，向测评员举手示意。

（2）听到 1 号测评员哨声出发，按照规定要求完成测评内容。

（3）完成测评后回到准备区，准备第 2 次测评。

（4）2 次测评均完成后，经测评员指引离场。

（二）单个动作——箭步冲刺滑行

5.6.2.2 单个动作——箭步冲刺滑行

5.6.2.2.1 场地器材与装备

测评场地、器材与装备按如下规定：

a） 场地：硬质平整地面，28 m×10 m 的测评区，划分 4 个区：准备区 2 m×10 m、加速区 8 m×10 m、评测区 10 m×10 m（女生合格线 8 m 线、男生合格线 10 m 线）、缓冲区 8 m×10 m；

b） 器材：同 5.2.1.1b）；

c） 装备：同 5.5.2.1.1c）。

5.6.2.2.2 测评员工作

测评工作由 2 名测评员完成。其测评工作包括但不限于：

a） 2 名测评员站位如图 29 所示；

b） 1 号测评员发令，同时观察受测者观测点完成情况；

c） 2 号测评员记录成绩，同时观察受测者观测点完成情况；

d） 测试结束，测评员根据受测者观测点完成情况和滑行距离，取 2 次中个人最好成绩，评定其是否合格。

5.6.2.2.3 测试步骤

受测者测试步骤如下：

a） 佩戴完整装备，至准备区，举手示意，听到测试指令后开始测试，如图 29 所示；

b） 通过加速区，在冲刺线前任意选择一侧腿，运用箭步冲刺滑行通过评测区；

c） 动作改变，测试结束。

每名受测者 2 次测试机会。

单位为米

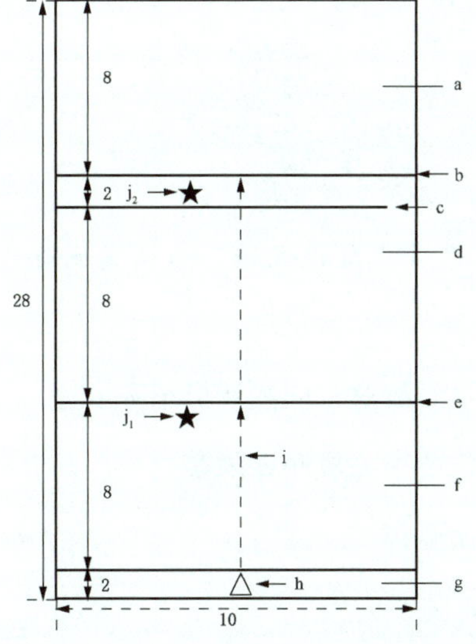

标引序号说明：

a ——缓冲区；
b ——男生合格线；
c ——女生合格线；
d ——评测区；
e ——冲刺线；
f ——加速区；
g ——准备区；
h ——受测者位置；
i ——滑行轨迹；
j_1、j_2 ——测评员位置。

图 29 箭步冲刺滑行测试示意图

1 测评员工作

共 2 名测评员，站位如图 29 所示。

（1）测评前，测评员讲解测评内容及要求，并检查所有受测者的装备。

（2）测评中，测评员就位，分工如下：

① 1 号测评员

a. 一手持手旗，手臂夹持记录表。

b. 举旗示意受测者和 2 号测评员准备后，平举手旗，准备吹哨发令。

c. 哨声响起，同时下划手旗，测评开始。

d. 受测者到通过合格线，测评结束。

e. 全程观察受测者在加速区的表现，并记录不符合要求的情况。

② 2 号测评员

a. 待 1 号测评员举旗示意后，准备测评。

b. 全程观察受测者评测区的表现，并记录距离和不符合要求的情况。

c. 结合 1 号测评员的记录表，综合评定测评结果。

（3）测评后，2 号测评员指引受测者离场。

2 测试步骤

受测者应在测试前明确测评具体要求，按要求穿戴装备，每位受测者有 2 次测试机会。具体测试步骤如下：

（1）受测者在准备区等待，待 1 号测评员举旗时，向测评员举手示意。

（2）听到 1 号测评员哨声出发，按照规定要求完成测评内容。

（3）完成测评后回到准备区，准备第 2 次测评。

（4）2 次测评均完成后，经测评员指引离场。

（三）成套动作——1000 m 滑行

5.6.2.3 **成套动作——1 000 m 滑行**

5.6.2.3.1 **场地器材与装备**

测评场地、器材与装备按如下规定：

a） 场地：同 5.5.2.3.1a）；

b） 器材：同 5.1.1.1b）；

c） 装备：同 5.5.2.1.1c）。

5.6.2.3.2 **测评员工作**

测评工作由 3 名测评员完成。其测评工作包括但不限于：

a） 3 名测评员站位如图 30 所示；

b） 1 号测评员发令、计时、记录成绩，同时观察受测者观测点完成情况，受测者滑行 10 圈后通过终点线计时停止；

c） 2 号、3 号测评员观察受测者弯道观测点完成情况；

d） 测试结束，测评员根据受测者观测点完成情况和滑行时间，取 2 次中个人最好成绩，评定其是否合格。

5.6.2.3.3 **测试步骤**

受测者测试步骤如下：

a） 佩戴完整装备，至起点线后，举手示意，听到测试指令后开始测试，如图 30 所示；

b） 在评测区，直道运用侧蹬滑行，弯道运用交叉步滑行，终点运用箭步冲刺滑行，沿逆时针方向滑行 10 圈；

c） 通过终点线计时停止，测试结束。

每名受测者 2 次测试机会。

单位为米

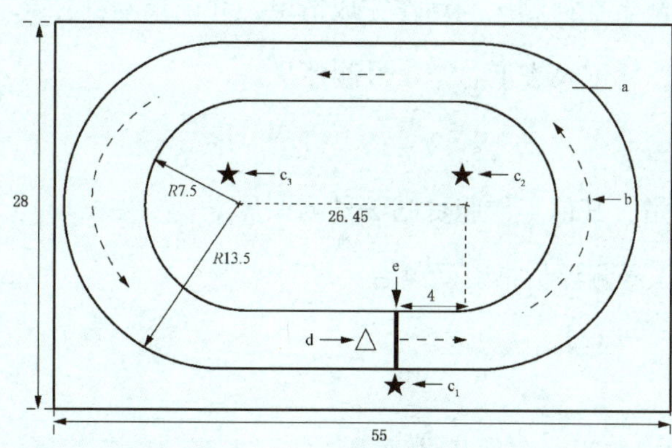

标引序号说明：

a ——评测区；

b ——滑行轨迹；

c_1、c_2、c_3 ——测评员位置；

d ——受测者位置；

e ——起/终点线。

图 30 1 000 m 滑行测试示意图

1 测评员工作

共 3 名测评员，站位如图 30 所示。

（1）测评前，测评员讲解测评内容及要求，并检查所有受测者的装备。

（2）测评中，测评员就位，分工如下：

① 1 号测评员

a. 一手持手旗，另一手持秒表，手臂夹持记录表。

b. 举旗示意受测者和 1 号、2 号测评员准备后，平举手旗，准备吹哨发令。

c. 哨声响起，同时下划手旗，开始计时。

d. 提示受测者剩余圈数，同时观察受测者在评测区的表现。

e. 受测者通过终点线计时停止，并记录时间。

f. 2 次测评完成后，汇总 2 号、3 号测评员的记录表，综合评定受测者是否合格。

② 2 号测评员

a. 位于第 1 个弯道，待 1 号测评员举旗后，举手示意并准备测评。

b. 全程观察受测者在评测区的动作完成情况，并记录不符合要求的情况。

c. 测评结束后，将记录表汇总至 1 号测评员。

③ 3 号测评员

位于第 2 个弯道，其他工作职责同 2 号测评员。

（3）测评后，1 号测评员指引受测者离场。

2 测试步骤

受测者应在测试前明确测评具体要求，按要求穿戴装备，每位受测者有 2 次测试机会。具体测试步骤如下：

（1）受测者在准备区等待，待 1 号测评员举旗时，向测评员举手示意。

（2）听到 1 号测评员哨声出发，按照规定要求完成测评内容。

（3）完成测评后回到准备区，准备第 2 次测评。

（4）2 次测评均完成后，经测评员指引离场。

三、速度轮滑六级测评工具

（一）成绩记录表

测评员应对每名受测者的实际表现进行评判并记录。每项测评内容的各观测点均达合格要求即为合格。“8”字路线滑行成绩记录表如表 11-1 所示，箭步冲刺滑行成绩记录表如表 11-2 所示，1000 m 滑行成绩记录表如表 11-3 所示。

表 11-1 “8”字路线滑行成绩记录表

姓名	性别	观测点				合格情况
		滑行要求（运用交叉步滑行，蹬摆节奏一致；目视滑行方向；滑行 2 圈）	滑行路线（按规定路线滑行）	身体表现（途中无摔倒）	滑行时间（男≤ 90 s；女≤ 95 s）	
×××	男	√	√	√	√	√
注：若受测者表现达到合格要求，在相应位置画“√”；不合格画“×”						
测评员：			记录时间：　年　月　日			

表 11-2 箭步冲刺滑行成绩记录表

姓名	性别	观测点			合格情况
		滑行要求（上身直立，两臂侧平举，冲刺腿保持弓箭步，冲线脚前伸，膝盖弯曲大于 90°；终点线前做冲刺动作）	身体表现（途中无摔倒）	滑行距离（男≥ 10 m；女≥ 8 m）	
×××	男	√	√	√	√
注：若受测者表现达到合格要求，在相应位置画“√”；不合格画“×”					
测评员：			记录时间：　年　月　日		

表 11-3　1000 m 滑行成绩记录表

姓名	性别	观测点				合格情况
		滑行要求（直道运用侧蹬滑行；弯道运用交叉步滑行；终点运用箭步冲刺滑行；滑行 10 圈）	滑行区域（未缩短滑行距离）	身体表现（途中无摔倒）	滑行时间（男≤ 120 s；女≤ 123 s）	
×××	男	√	√	√	√	√
注：若受测者表现达到合格要求，在相应位置画“√”；不合格画“×”						
测评员：			记录时间：　年　月　日			

（二）达标记录表

测评员应根据每名受测者各项测评内容的合格情况，对其达标情况作出评判。各项测评内容均合格为达标。速度轮滑六级测评达标记录表如表 11-4 所示。

表 11-4　速度轮滑六级测评达标记录表

姓名	各项测评内容合格情况			达标情况
	“8”字路线滑行	箭步冲刺滑行	1000 m 滑行	
×××	√	√	√	√
注：各项测评内容均合格为达标；根据受测者合格情况和达标情况在相应位置画“√”或“×”				
测评员：		记录时间：　年　月　日		

四、速度轮滑六级测评操作视频

速度轮滑六级测评操作视频

第十二章

轮滑课程学生运动能力六级测评（自由式轮滑）

一、自由式轮滑六级达标要求

4.2.6.2 自由式轮滑

4.2.6.2.1 自由式轮滑六级测评内容及要求应符合表11的要求。

表11 自由式轮滑六级测评内容及要求

<table>
<tr><th colspan="2">测评内容</th><th>观测点</th><th colspan="2">合格要求</th></tr>
<tr><td rowspan="6">单个动作</td><td rowspan="3">玛丽蛇形绕桩</td><td>滑行要求</td><td>双脚无重叠；
未踢桩、漏桩</td><td rowspan="3">滑行时间：
男≤11 s；女≤11.5 s</td></tr>
<tr><td>滑行路线</td><td>按规定路线滑行</td></tr>
<tr><td>身体表现</td><td>途中无摔倒</td></tr>
<tr><td rowspan="3">横向交叉跳跃绕桩</td><td>滑行要求</td><td>双脚同时起跳，双脚同时落地；
未踢桩、漏桩</td><td rowspan="3">滑行时间：
男≤13 s；女≤14 s</td></tr>
<tr><td>滑行路线</td><td>按规定路线滑行</td></tr>
<tr><td>身体表现</td><td>途中无摔倒</td></tr>
<tr><td rowspan="3">成套动作</td><td rowspan="3">花式绕桩规定套路</td><td>滑行要求</td><td>动作次序正确；
每个动作绕4个桩</td><td rowspan="3">滑行时间：
男≤35 s；女≤37 s</td></tr>
<tr><td>滑行路线</td><td>按规定路线滑行</td></tr>
<tr><td>身体表现</td><td>途中无摔倒</td></tr>
</table>

4.2.6.2.2 自由式轮滑六级应达到表11规定的合格要求，每名测评员均判定合格为达标。

1 单个动作——玛丽蛇形绕桩

受测者上身直立，两臂侧平举，双脚一前一后进桩，前脚后轮支撑，后脚前轮支撑，双膝微屈，双脚前后分开不能重叠，腰部发力转体，带动膝盖和脚踝转动，重心在双脚之间，前脚绕桩后，后脚紧跟滑行，滑行轨迹清晰均匀。（图 12-1）

（1）正面图

（2）侧面图

图 12-1　玛丽蛇形绕桩

2 单个动作——横向交叉跳跃绕桩

受测者双脚通过横向交叉与跳跃动作，快速且准确地绕过一排桩。双脚进行横向交叉时，一只脚从另一只脚的前方或后方穿过，形成交叉，同时配合跳跃动作，使双脚同时离开地面并绕过桩。（图 12-2）

3 成套动作——花式绕桩规定套路

受测者依次完成钟摆交叉绕桩、太阳花绕桩、玛丽蛇形绕桩、横向交叉跳跃绕桩、钟摆交叉绕桩、玛丽蛇形绕桩、玛丽蛇形绕桩回桩、玛丽蛇形绕桩、太阳花绕桩、横向交叉跳跃绕桩。每个动作绕 4 个桩，均需符合动作标准，且衔接流畅无停顿。

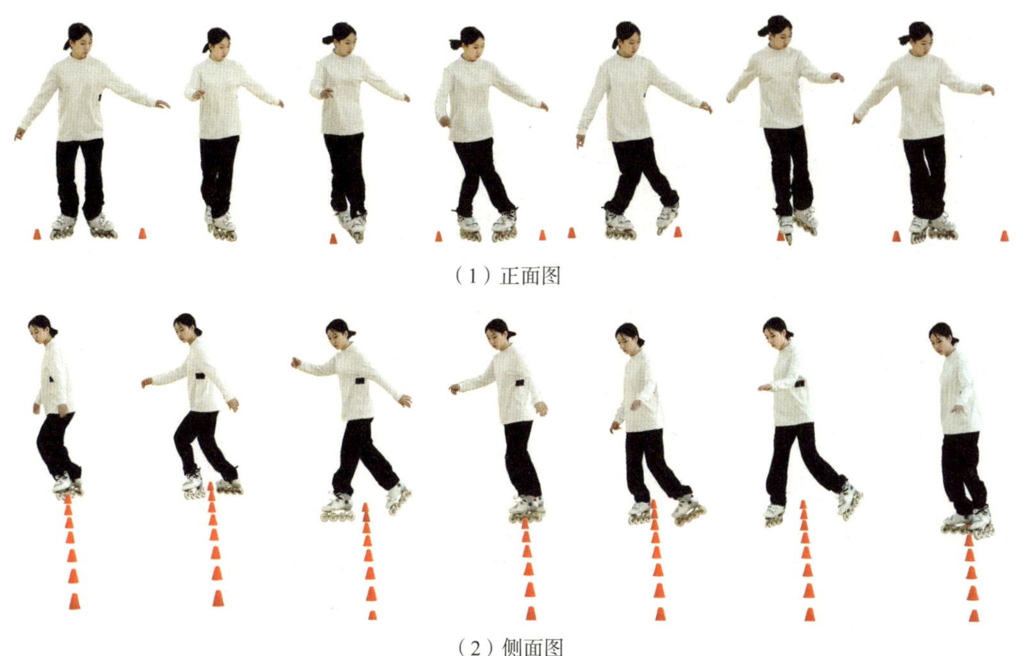

（1）正面图

（2）侧面图

图 12-2　横向交叉跳跃绕桩

二、自由式轮滑六级测评方法

（一）单个动作——玛丽蛇形绕桩

5.6.3.1　**单个动作——玛丽蛇形绕桩**

5.6.3.1.1　**场地器材与装备**

测评场地、器材与装备按如下规定：

a）　场地：同 5.5.3.1.1a）；

b）　器材：同 5.5.3.1.1b）；

c）　装备：同 5.5.3.1.1c）。

5.6.3.1.2　**测评员工作**

测评工作由 3 名测评员完成。其测评工作包括但不限于：

a）　3 名测评员站位如图 31 所示；

b）　1 号测评员发令；

c）　2 号测评员观察受测者观测点完成情况；

d）　3 号测评员计时、记录成绩，受测者通过终点线计时停止；

e）　测试结束，测评员根据受测者观测点完成情况和滑行时间，取 2 次中个人最好成绩，评定其是否合格。

5.6.3.1.3　**测试步骤**

受测者测试步骤如下：

a）佩戴完整装备，至起点线后，举手示意，听到测试指令后开始测试，如图 31 所示；

b）通过加速区，运用玛丽蛇形绕桩完成 12 个桩；

c）通过终点线计时停止，测试结束。

每名受测者 2 次测试机会。

单位为米

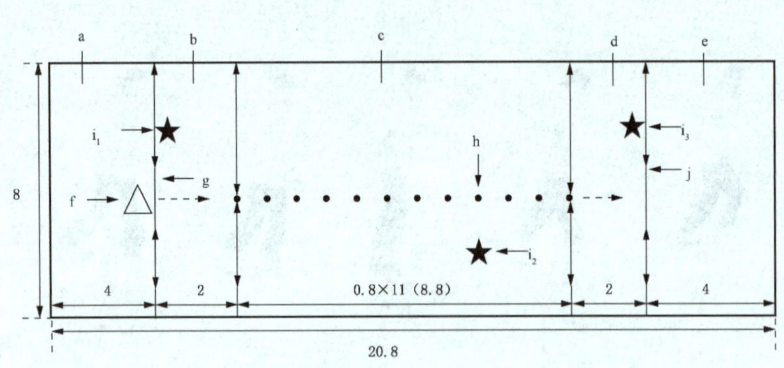

标引序号说明：

a ——准备区；

b ——加速区；

c ——评测区；

d ——冲刺区；

e ——缓冲区；

f ——受测者位置；

g ——起点线；

h ——桩；

i_1、i_2、i_3 ——测评员位置；

j ——终点线。

图 31　玛丽蛇形绕桩测试示意图

1 测评员工作

共 3 名测评员，站位如图 31 所示。

（1）测评前，测评员讲解测评内容及要求，并检查所有受测者的装备。

（2）测评中，测评员就位，分工如下：

① 1 号测评员

a. 一手持手旗。

b. 举旗示意受测者和 2 号、3 号测评员准备后，平举手旗，准备吹哨发令。

c. 哨声响起，同时下划手旗，测评开始。

②2 号测评员

a. 待 1 号测评员举旗后，举手示意并准备测评。

b. 全程观察受测者在评测区的表现，并记录不符合要求的情况。

c. 测评结束后，将记录表汇总至 3 号测评员。

③3 号测评员

a. 一手持秒表，待 1 号测评员举旗后，举手示意并准备测评。

b. 听到哨声开始计时，受测者通过终点线，停止计时，并记录时间。

c. 全程观察受测者在评测区的表现，并记录不符合要求的情况。

d. 结合 2 号测评员的记录表，综合评定测评结果。

（3）测评后，3 号测评员指引受测者离场。

2 测试步骤

受测者应在测试前明确测评具体要求，按要求穿戴装备，每名受测者有 2 次测试机会。具体测试步骤如下：

（1）受测者在准备区等待，待 1 号测评员举旗示意时，向测评员举手示意。

（2）听 1 号测评员哨声，按照规定要求完成测评内容。

（3）完成测评后回到准备区，准备第 2 次测评。

（4）2 次测评均完成后，经测评员指引离场。

（二）单个动作——横向交叉跳跃绕桩

5.6.3.2 单个动作——横向交叉跳跃绕桩

5.6.3.2.1 场地器材与装备

测评场地、器材与装备按如下规定：

a） 场地：同 5.5.3.1.1a）；

b） 器材：同 5.5.3.1.1b）；

c） 装备：同 5.5.3.1.1c）。

5.6.3.2.2 **测评员工作**

测评工作由 3 名测评员完成。其测评工作包括但不限于：

a） 3 名测评员站位如图 32 所示；

b） 1 号测评员发令；

c） 2 号测评员观察受测者观测点完成情况；

d） 3 号测评员计时、记录成绩，受测者通过终点线计时停止；

e） 测试结束，测评员根据受测者观测点完成情况和滑行时间，取 2 次中个人最好成绩，评定其是否合格。

5.6.3.2.3 **测试步骤**

受测者测试步骤如下：

a） 佩戴完整装备，至起点线后，举手示意，听到测试指令后开始测试，如图 32 所示；

b） 通过加速区，运用横向交叉跳跃绕桩完成 12 个桩；

c） 通过终点线计时停止，测试结束。

每名受测者 2 次测试机会。

单位为米

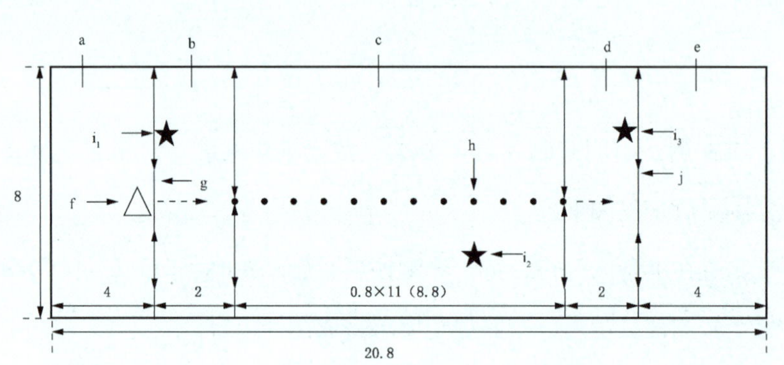

标引序号说明：

a ——准备区；

b ——加速区；

c ——评测区；

d ——冲刺区；

e ——缓冲区；

f ——受测者位置；

g ——起点线；

h ——桩；

i_1、i_2、i_3 ——测评员位置；

j ——终点线。

图 32 横向交叉跳跃绕桩测试示意图

1 测评员工作

共 3 名测评员，站位如图 32 所示。

（1）测评前，测评员讲解测评内容及要求，并检查所有受测者的装备。

（2）测评中，测评员就位，分工如下：

① 1 号测评员

a. 一手持手旗。

b. 举旗示意受测者和 2 号、3 号测评员准备后，平举手旗，准备吹哨发令。

c. 哨声响起，同时下划手旗，测评开始。

② 2 号测评员

a. 待 1 号测评员举旗后，举手示意并准备测评。

b. 全程观察受测者在评测区的表现，并记录不符合要求的情况。

c. 测评结束后，将记录表汇总至 3 号测评员。

③ 3 号测评员

a. 一手持秒表，待 1 号测评员举旗后，举手示意并准备测评。

b. 听到哨声开始计时，受测者通过终点线，停止计时，并记录时间。

c. 全程观察受测者在评测区的表现，并记录不符合要求的情况。

d. 结合 2 号测评员的记录表，综合评定测评结果。

（3）测评后，3 号测评员指引受测者离场。

2 测试步骤

受测者应在测试前明确测评具体要求，按要求穿戴装备，每名受测者有 2 次测试机会。具体测试步骤如下：

（1）受测者在准备区等待，待 1 号测评员举旗示意时，向测评员举手示意。

（2）听 1 号测评员哨声，按照规定要求完成测评内容。

（3）完成测评后回到准备区，准备第 2 次测评。

（4）2 次测评均完成后，经测评员指引离场。

（三）成套动作——花式绕桩规定套路

5.6.3.3 成套动作——花式绕桩规定套路

5.6.3.3.1 场地器材与装备

测评场地、器材与装备按如下规定：

a） 场地：同 5.5.3.1.1a)；

b） 器材：同 5.5.3.1.1b)；

c） 装备：同 5.5.3.1.1c)。

5.6.3.3.2 测评员工作

测评工作由 3 名测评员完成。其测评工作包括但不限于：

a） 3 名测评员站位如图 33 所示；

b） 1 号测评员发令；

c） 2 号测评员记录罚桩数，同时观察受测者观测点完成情况；

d） 3 号测评员计时、记录成绩，受测者通过终点线计时停止；

e） 测试结束，测评员根据受测者观测点完成情况和滑行时间，取 2 次中个人最好成绩，评定其是否合格。

5.6.3.3.3 测试步骤

受测者测试步骤如下：

a） 佩戴完整装备，至起点线后，举手示意，听到测试指令后开始测试，如图 33 所示；

b） 通过加速区，在评测区依次完成钟摆交叉绕桩、太阳花绕桩、玛丽蛇形绕桩、横向交叉跳跃绕桩、钟摆交叉绕桩、玛丽蛇形绕桩、玛丽蛇形绕桩回桩、太阳花绕桩、横向交叉跳跃绕桩；

c） 受测者每踢（漏）桩 1 个桩，罚时 1 s，通过终点线计时停止，测试结束。

每名受测者 2 次测试机会。

单位为米

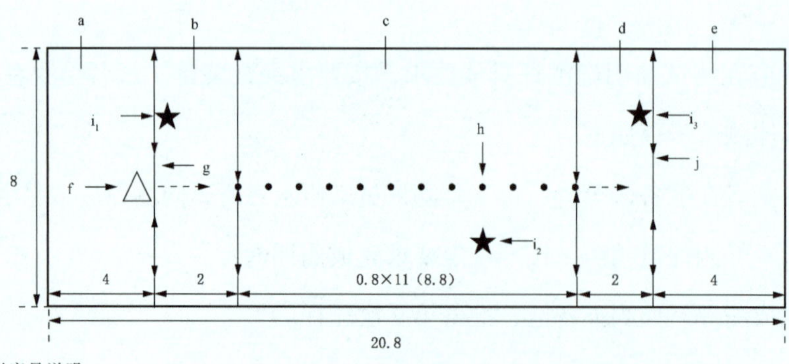

标引序号说明：

a ——准备区；

b ——加速区；

c ——评测区；

d ——冲刺区；

e ——缓冲区；

f ——受测者位置；

g ——起点线；

h ——桩；

i_1、i_2、i_3 ——测评员位置；

j ——终点线。

图 33 花式绕桩规定套路测试示意图

1 测评员工作

共 3 名测评员，站位如图 33 所示。

（1）测评前，测评员讲解测评内容及要求，并检查所有受测者的装备。

（2）测评中，测评员就位，分工如下：

① 1 号测评员

a. 一手持手旗。

b. 举旗示意受测者和 2 号、3 号测评员准备后，平举手旗，准备吹哨发令。

c. 哨声响起，同时下划手旗，测评开始。

② 2 号测评员

a. 待 1 号测评员举旗后，举手示意并准备测评。

b. 全程观察受测者在评测区的表现，记录罚桩数，并记录不符合要求的情况。

c. 测评结束后，将记录表汇总至 3 号测评员。

③ 3 号测评员

a. 一手持秒表，待 1 号测评员举旗后，举手示意并准备测评。

b. 听到哨声开始计时，受测者通过终点线，停止计时，并记录时间。

c. 全程观察受测者在评测区的表现，并记录不符合要求的情况。

d. 结合 2 号测评员的记录表，综合评定测评结果。

（3）测评后，3 号测评员指引受测者离场。

2 测试步骤

受测者应在测试前明确测评具体要求，按要求穿戴装备，每名受测者有 2 次测试机会。具体测试步骤如下：

（1）受测者在准备区等待，待 1 号测评员举旗示意时，向测评员举手示意。

（2）听 1 号测评员哨声，按照规定要求完成测评内容。

（3）完成测评后回到准备区，准备第 2 次测评。

（4）2 次测评均完成后，经测评员指引离场。

三、自由式轮滑六级测评工具

（一）成绩记录表

测评员应对每名受测者的实际表现进行评判并记录。每项测评内容的各观测点均达合格要求即为合格。玛丽蛇形绕桩成绩记录表如表 12-1 所示，横向交叉跳跃绕桩成绩记录表如表 12-2 所示，花式绕桩成绩记录表如表 12-3 所示。

表 12-1　玛丽蛇形绕桩成绩记录表

姓名	性别	观测点				合格情况
		滑行要求（双脚无重叠，无踢桩、无漏桩）	滑行路线（按规定路线滑行）	身体表现（途中无摔倒）	滑行时间（男≤ 11 s，女≤ 11.5 s）	
× × ×	男	√	√	√	√	√
× × ×	女	√	√	√	√	√
注：若受测者表现达到合格要求，在相应位置画“√”；不合格画“×”						
测评员：				记录时间：　年　月　日		

表 12-2　横向交叉跳跃绕桩成绩记录表

姓名	性别	观测点				合格情况
		滑行要求（双脚同时跳起，双脚同时落地，无踢桩、无漏桩）	滑行路线（按规定路线滑行）	身体表现（途中无摔倒）	滑行时间（男≤ 13 s；女≤ 14 s）	
× × ×	男	×	√	√	√	×
× × ×	女	√	√	√	√	√
注：若受测者表现达到合格要求，在相应位置画“√”；不合格画“×”						
测评员：				记录时间：　年　月　日		

表 12-3　花式绕桩规定套路成绩记录表

姓名	性别	观测点				合格情况
		滑行要求（动作次序正确；每个动作绕 4 个桩）	滑行路线（按规定路线滑行）	身体表现（途中无摔倒）	滑行时间（男≤ 35 s；女≤ 37 s）	
×××	男	√	√	√	√	√
×××	女	√	√	√	√	√
注：若受测者表现达到合格要求，在相应位置画“√”；不合格画“×”						
测评员：				记录时间：　年　月　日		

（二）达标记录表

测评员应根据每名受测者各项测评内容的合格情况，对其达标情况作出评判。各项测评内容均合格为达标。自由式轮滑六级测评达标记录表如表 12-4 所示。

表 12-4　自由式轮滑六级测评达标记录表

姓名	各项测评内容合格情况			达标情况
	玛丽蛇形绕桩	横向交叉跳跃绕桩	花式绕桩规定套路	
×××	√	×	√	×
×××	√	√	√	√
注：各项测评内容均合格为达标；根据受测者合格情况和达标情况在相应表格里画“√”或“×”				
测评员：			记录时间：　年　月　日	

四、自由式轮滑六级测评操作视频

自由式轮滑六级测评
操作视频

第十三章 轮滑课程学生运动能力六级测评（单排轮滑球）

一、单排轮滑球六级达标要求

4.2.6.3 **单排轮滑球**

4.2.6.3.1 单排轮滑球六级测评内容及要求应符合表12的要求。

表12 单排轮滑球六级测评内容及要求

测评内容		观测点	合格要求	
单个动作	定点射门	射门要求	双手握杆，球拍扣住球饼，下手向前上方推出	进球数量： 男≥8次；女≥7次
		身体表现	每次射门时站位未发生位移	
	拉杆运球	滑行要求	球未失控，拉杆超过中心线； 障碍球杆未发生位移； 带球冲过终点线	滑行时间： 男≤25 s；女≤30 s
		滑行路线	按规定路线滑行	
		身体表现	途中无摔倒	
成套动作	快拍射门	射门要求	依次完成传球、接球和射门	进球数量： 男≥12次；女≥10次
		位置要求	未离开射门区	

4.2.6.3.2 单排轮滑球六级应达到表12规定的合格要求，每名测评员均判定合格为达标。

1 单个动作——定点射门

受测者双脚开立，与肩同宽，膝盖微屈，保持身体平衡。双手持握球杆，手腕放松，握距宽于拨球时的双手间距，双手手腕翻转，用球拍扣住球饼。射门时，下手向

前上方推出，上手向身体方向回拉。起拍动作应迅速、有力且准确。（图 13-1）

（1）封闭式定点射门

（2）开放式定点射门

图 13-1　定点射门

2 单个动作——拉杆运球

受测者在滑行过程中，依靠手腕翻转和手臂推动运球，注意控制球的滚动方向和速度。（图 13-2）

图 13-2　拉杆运球

3 成套动作——快拍射门

以右手杆为例，受测者在传球区内，双脚开立正对反弹器，屈髋屈膝，利用定向传球技术向反弹器传出球饼，并在球饼回弹过程中向身体侧上方扬起球杆，准备射门，拍面朝向地面，随后预判球的位置并向下挥动球杆，在球杆触地的瞬间降低身体重心，球杆向下施加压力，击打在球后侧的地面，球杆弯曲后击打球饼，将球向球门击出。击球时右腿蹬地，重心转移至左脚。（图 13-3）

（1）传球

（2）射门

图 13-3　快拍射门

二、单排轮滑球六级测评方法

（一）单个动作——定点射门

5.6.4.1　**单个动作——定点射门**

5.6.4.1.1　**场地器材与装备**

测评场地、器材与装备按如下规定：

a）　场地：硬质平整地面，18 m×25 m 的测评区，中心点距离球门 10 m，横向布置 10 颗球，每颗球间距 2 m；

b） 器材：50 m 钢卷尺 1 把、秒表 1 块、哨子 1 个、计数器 1 个、轮滑球 10 个（厚度 22 mm～30 mm，直径 77 mm，质量 120 g～130 g 之间，黑色）、轮滑球球门 1 个、手旗 1 个；

c） 装备：同 5.5.4.1.1c）。

5.6.4.1.2 测评员工作

测评工作由 2 名测评员完成。其测评工作包括但不限于：

a） 2 名测评员站位如图 34 所示；

b） 1 号测评员发令、计时，同时观察受测者观测点完成情况；

c） 2 号测评员计数、记录成绩；

d） 测试结束，测评员根据受测者观测点完成情况和进球数量，取 2 次中个人最好成绩，评定其是否合格。

5.6.4.1.3 测试步骤

受测者测试步骤如下：

a） 佩戴完整装备，至受测者位置，举手示意，听到测试指令后开始测试，如图 34 所示；

b） 在 1 min 内，运用正手定点射门，由左至右完成 10 次射门（以右手杆为例）；

c） 规定时间结束或完成规定次数，测试结束。

每名受测者 2 次测试机会。

单位为米

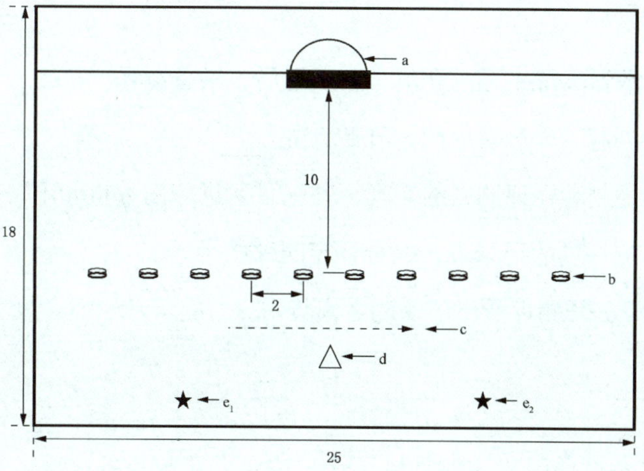

标引序号说明：

a ——轮滑球球门；

b ——轮滑球；

c ——滑行轨迹；

d ——受测者位置；

e_1、e_2 ——测评员位置。

图 34 定点射门测试示意图

1 测评员工作

共 2 名测评员，站位如图 34 所示。

（1）测评前，测评员讲解测评内容及要求，并检查所有受测者的装备。

（2）测评中，测评员就位，分工如下：

① 1 号测评员

a. 一手持手旗，另一手持秒表，手臂夹持记录表。

b. 举旗示意受测者和 2 号测评员准备后，平举手旗，准备吹哨发令。

c. 哨声响起，同时下划手旗，开始计时。

d. 受测者完成 10 次传球，停止计时，并记录时间。

e. 全程观察受测者在评测区的表现，并记录不符合要求的情况。

② 2 号测评员

a. 一手持计数器、待 1 号测评员举旗示意后，准备测评。

b. 听到哨声响起，受测者射门，开始计数。

c. 全程观察受测者在评测区的表现，并记录射进球门数量和不符合要求的情况。

d. 结合 1 号测评员的记录表，综合评定测评结果。

（3）测评后，2 号测评员指引受测者离场。

2 测评步骤

受测者应在测试前明确测评具体要求，按要求穿戴装备，每名受测者有 2 次测试机会。具体测试步骤如下：

（1）受测者在准备区等待，待 1 号测评员举旗示意时，向测评员举手示意。

（2）听 1 号测评员哨声，按照规定要求完成测评内容。

（3）完成测评后回到准备区，准备第 2 次测评。

（4）2 次测评均完成后，经测评员指引离场。

（二）单个动作——拉杆运球

5.6.4.2　单个动作——拉杆运球

5.6.4.2.1　场地器材与装备

测评场地、器材与装备按如下规定：

a）场地：硬质平整地面，40 m×20 m 的测评区，划分为 3 个区：准备区 4 m×20 m、评测区 28 m×20 m(间距为 2 m 的 6 支球杆，起点线距离第一支球杆 10 m，最后一支球杆距离终点线 8 m)、缓冲区 8 m×20 m；

b）器材：50 m 钢卷尺 1 把、秒表 1 块、哨子 1 个、宽 5 cm 胶带、轮滑球(厚度 22 mm～30 mm，直径 77 mm，质量 120 g～130 g 之间，黑色)1 个、1.3 m 的球杆 6 支、手旗 1 个；

c）装备：同 5.5.4.1.1c)。

5.6.4.2.2　测评员工作

测评工作由 3 名测评员完成。其测评工作包括但不限于：

a）3 名测评员站位如图 35 所示；

b）1 号测评员发令；

c）2 号测评员观察受测者观测点完成情况；

d）3 号测评员计时、记录成绩，受测者通过终点线计时停止；

e）测试结束，测评员根据受测者观测点完成情况和滑行时间，取 2 次中个人最好成绩，评定其是否合格。

5.6.4.2.3　测试步骤

受测者测试步骤如下：

a）佩戴完整装备，至起点线后，举手示意，听到测试指令后开始测试，如图 35 所示；

b）通过加速区，侧面带球运用拉杆技术绕过球杆(以右手杆为例)；

c）通过终点线计时停止，测试结束。

每名受测者 2 次测试机会。

单位为米

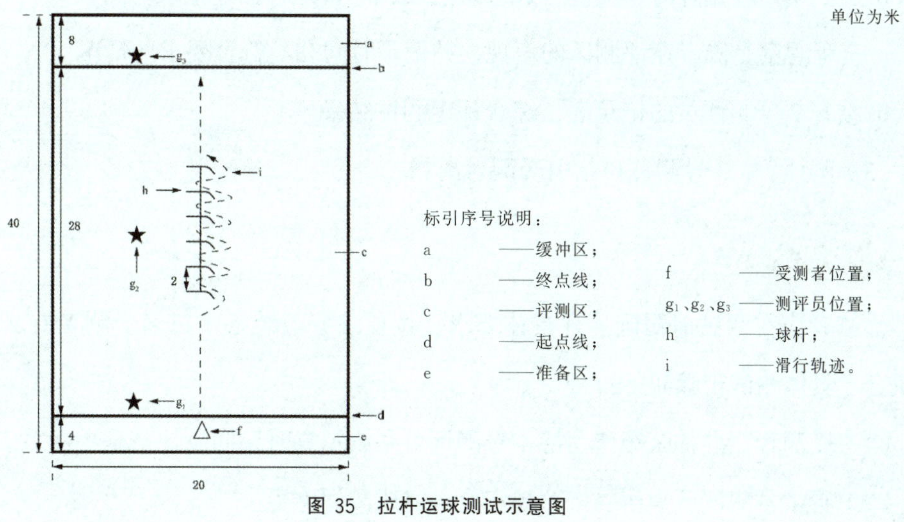

图 35　拉杆运球测试示意图

1 测评员工作

共3名测评员，站位如图35所示。

（1）测评前，测评员讲解测评内容及要求，并检查所有受测者的装备。

（2）测评中，测评员就位，分工如下：

①1号测评员

a. 一手持手旗。

b. 举旗示意受测者和2号、3号测评员准备后，平举手旗，准备吹哨发令。

c. 哨声响起，同时下划手旗，测评开始。

②2号测评员

a. 待1号测评员举旗后，举手示意并准备测评。

b. 全程观察受测者在评测区的表现，并记录不符合要求的情况。

c. 测评结束后，将记录表汇总至3号测评员，综合评定测评结果。

③3号测评员

a. 一手持秒表，待1号测评员举旗后，举手示意并准备测评。

b. 听到哨声开始计时，受测者通过终点线，停止计时，并记录时间。

c. 全程观察受测者在评测区的表现，并记录时间和不符合要求的情况。

d. 结合2号测评员的记录表，综合评定测评结果。

（3）测评后，3号测评员指引受测者离场。

2 测试步骤

受测者应在测试前明确测评具体要求，按要求穿戴装备，每名受测者有2次测试机会。具体测试步骤如下：

（1）受测者在准备区等待，待1号测评员举旗示意时，向测评员举手示意。

（2）听1号测评员哨声，按照规定要求完成测评内容。

（3）完成测评后回到准备区，准备第 2 次测评。

（4）2 次测评均完成后，经测评员指引离场。

（三）成套动作——快拍射门

5.6.4.3 成套动作——快拍射门

5.6.4.3.1 场地器材与装备

测评场地、器材与装备按如下规定：

a） 场地：硬质平整地面，13 m×20 m 的测评区，划分为 2 个区：反弹区 4 m×4 m、射门区 2 m×4 m，反弹器距球门线 5 m；

b） 器材：50 m 钢卷尺 1 把、秒表 1 块、哨子 1 个、计数器 1 个、轮滑球（厚度 22 mm～30 mm，直径 77 mm，质量 120 g～130 g 之间，黑色）15 个、反弹器 2 个、轮滑球门 1 个、长 200 cm 宽 50 cm 的布条 1 个、手旗 1 个；

c） 装备：同 5.5.4.1.1c）。

5.6.4.3.2 测评员工作

测评工作由 2 名测评员完成。其测评工作包括但不限于：

a） 2 名测评员站位如图 36 所示；

b） 待受测者举手示意后，1 号测评员发令、计时；

c） 2 号测评员计数、记录成绩，同时观察受测者观测点完成情况；

d） 测试结束，测评员根据受测者观测点完成情况和进球数量，取 2 次中个人最好成绩，评定其是否合格。

5.6.4.3.3 测试步骤

受测者测试步骤如下：

a） 佩戴完整装备，至射门区，举手示意，听到测试指令后开始测试，如图 36 所示；

b） 在 3 min 内，完成 15 次正手接反弹器传球射门（以左手杆为例）；

c） 规定时间结束或完成规定次数，测试结束。

每名受测者 2 次测试机会。

单位为米

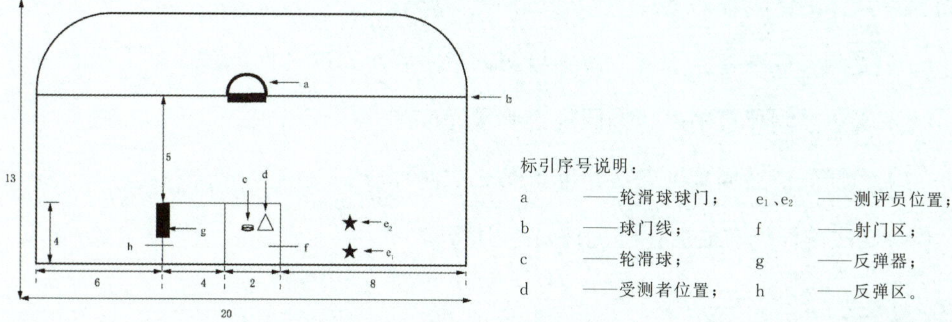

图 36 快拍射门测试示意图

1 测评员工作

共 2 名测评员，站位如图 36 所示。

（1）测评前，测评员讲解测评内容及要求，并检查所有受测者的装备。

（2）测评中，测评员就位，分工如下：

① 1 号测评员

a. 一手持手旗，另一手持秒表，手臂夹持记录表。

b. 举旗示意受测者和 2 号测评员准备后，平举手旗，准备吹哨发令。

c. 哨声响起，同时下划手旗，开始计时 3 min。

d. 受测者完成 10 次快拍射门，停止计时，并记录时间。

② 2 号测评员

a. 手持计数器，待 1 号测评员举旗示意后，准备计数。

b. 全程观察受测者在快拍射门的表现，并记录数量和不符合要求的情况。

c. 结合 1 号测评员的记录表，综合评定测评结果。

（3）测评后，2 号测评员指引受测者离场。

2 测试步骤

受测者应在测试前明确测评具体要求，按要求穿戴装备，每名受测者有 2 次测试机会。具体测试步骤如下：

（1）受测者在准备区等待，待 1 号测评员举旗示意时，向测评员举手示意。

（2）听 1 号测评员哨声，按照规定要求完成测评内容。

（3）完成测评后回到准备区，准备第 2 次测评。

（4）2 次测评均完成后，经测评员指引离场。

三、单排轮滑球六级测评工具

（一）成绩记录表

测评员应对每名受测者的实际表现进行评判并记录。每项测评内容的各观测点均达合格要求即为合格。定点射门成绩记录表如表 13-1 所示，拉杆运球成绩记录表如表 13-2 所示，快拍射门成绩记录表如表 13-3 所示。

表 13-1 定点射门成绩记录表

<table>
<tr><th rowspan="2">姓名</th><th rowspan="2">性别</th><th colspan="3">观测点</th><th rowspan="2">合格情况</th></tr>
<tr><th>射门要求（双手握杆；球拍扣住球饼；下手向前上方推出）</th><th>身体表现（每次射门时站位未发生位移）</th><th>进球数量（男≥ 8 次；女≥ 7 次）</th></tr>
<tr><td>× × ×</td><td>男</td><td>√</td><td>√</td><td>√</td><td>√</td></tr>
<tr><td>× × ×</td><td>女</td><td>√</td><td>√</td><td>√</td><td>√</td></tr>
<tr><td></td><td></td><td></td><td></td><td></td><td></td></tr>
<tr><td colspan="6">注：若受测者表现达到合格要求，在相应位置画“√”；不合格画“ × ”</td></tr>
<tr><td colspan="3">测评员：</td><td colspan="3">记录时间： 年 月 日</td></tr>
</table>

表 13-2 拉杆运球成绩记录表

<table>
<tr><th rowspan="2">姓名</th><th rowspan="2">性别</th><th colspan="4">观测点</th><th rowspan="2">合格情况</th></tr>
<tr><th>滑行要求（球未失控，拉杆超过中心线；障碍球杆未发生位移；带球冲过终点线）</th><th>滑行路线（按规定线路滑行）</th><th>身体表现（途中无摔倒）</th><th>滑行时间（男≤ 25 s；女≤ 30 s）</th></tr>
<tr><td>× × ×</td><td>男</td><td>√</td><td>√</td><td>√</td><td>√</td><td>√</td></tr>
<tr><td>× × ×</td><td>女</td><td>√</td><td>√</td><td>√</td><td>√</td><td>√</td></tr>
<tr><td></td><td></td><td></td><td></td><td></td><td></td><td></td></tr>
<tr><td colspan="7">注：若受测者表现达到合格要求，在相应位置画“√”；不合格画“ × ”</td></tr>
<tr><td colspan="4">测评员：</td><td colspan="3">记录时间： 年 月 日</td></tr>
</table>

表 13-3　快拍射门成绩记录表

姓名	性别	观测点			合格情况
		射门要求（依次完成传球、接球和射门）	位置要求（未离开射门区）	进球数量（男≥ 12 次；女≥ 10 次）	
×××	男	√	√	√	√
×××	女	√	√	√	√
注：若受测者表现达到合格要求，在相应位置画“√”；不合格画“×”					
测评员：			记录时间：　年　月　日		

（二）达标记录表

测评员应根据每名受测者各项测评内容的合格情况，对其达标情况作出评判。各项测评内容均合格为达标。单排轮滑球六级测评达标记录表如表 13-4 所示。

表 13-4　单排轮滑球六级测评达标记录表

姓名	各项测评内容合格情况			达标情况
	定点射门	拉杆运球	快拍射门	
×××	√	√	√	√
×××	√	√	√	√
注：各项测评内容均合格为达标；根据受测者合格情况和达标情况在相应位置画“√”或“×”				
测评员：			记录时间：　年　月　日	

四、单排轮滑球六级测评操作视频

单排轮滑球六级测评操作视频

第十四章

轮滑课程学生运动能力六级测评（轮滑阻拦）

一、轮滑阻拦六级达标要求

4.2.6.4　轮滑阻拦

4.2.6.4.1　轮滑阻拦六级测评内容及要求应符合表 13 的要求。

表 13　轮滑阻拦六级测评内容及要求

<table>
<tr><th colspan="2">测评内容</th><th>观测点</th><th colspan="2">合格要求</th></tr>
<tr><td rowspan="6">单个动作</td><td rowspan="3">跳障碍滑行</td><td>滑行要求</td><td>第 1 圈运用双脚交替跳跃；
第 2 圈运用双脚跳跃；滑行 2 圈</td><td rowspan="3">滑行时间：
男≤41 s；女≤45 s</td></tr>
<tr><td>滑行路线</td><td>按规定路线滑行，未缩短滑行距离</td></tr>
<tr><td>身体表现</td><td>途中无摔倒</td></tr>
<tr><td rowspan="3">360 °转体</td><td>滑行要求</td><td>双脚未同时离地；
在规定区域完成转体；滑行 2 圈</td><td rowspan="3">滑行时间：
男≤41 s；女≤45 s</td></tr>
<tr><td>滑行路线</td><td>按规定路线滑行</td></tr>
<tr><td>身体表现</td><td>途中无摔倒</td></tr>
<tr><td rowspan="3">成套动作</td><td rowspan="3">跳障碍综合滑行</td><td>滑行要求</td><td>动作次序正确；
在规定区域完成转体；
第 1 圈、第 2 圈运用双脚交替跳跃；
第 3 圈、第 4 圈运用双脚跳跃；
滑行 4 圈</td><td rowspan="3">滑行时间：
男≤120 s；女≤130 s</td></tr>
<tr><td>滑行路线</td><td>按规定路线滑行</td></tr>
<tr><td>身体表现</td><td>途中无摔倒</td></tr>
</table>

4.2.6.4.2　轮滑阻拦六级应达到表 13 规定的合格要求，每名测评员均判定合格为达标。

1 单个动作——跳障碍滑行

（1）单脚跳障碍滑行：受测者重心放在起跳脚，后脚顺势起跳，全身跳过障碍后，后脚先落地，起跳脚顺势落地。

（2）双脚跳障碍滑行：受测者放低重心，双脚蹬地弹跳，膝盖弯曲，借助滑行的速度尽可能向前方跳，落地后双膝弯曲，以缓冲落地的力量，接蹬地动作快速向前滑行。（图 14-1）

（1）单脚跳障碍滑行

（2）双脚跳障碍滑行

图 14-1　跳障碍滑行

2 单个动作——360°转体

受测者身体直立，双膝微屈，双手置于体侧自然摆动，上身向后脚方向侧身，双脚成外八字，连续做后画弧动作，完成 360° 转体。（图 14-2）

图 14-2 360° 转体

3 成套动作——跳障碍综合滑行

受测者在 A 区完成 V 字起跑，B 区完成连续绕障碍滑行，C 区完成 1 次 360° 转体，D 区完成跳障碍滑行。

二、轮滑阻拦六级测评方法

（一）单个动作——跳障碍滑行

5.6.5.1 单个动作——跳障碍滑行

5.6.5.1.1 场地器材与装备

测评场地、器材与装备按如下规定：

a） 场地：硬质平整地面，23 m×33 m 的测评区，标志桶位于 A、B、C、D 四个点（直弯道交界处）；

b） 器材：50 m 钢卷尺 2 把、秒表 1 块、哨子 1 个、宽 5 cm 胶带、标志桶 12 个（高 18 cm）、手旗 1 个；

c） 装备：同 5.5.5.1.1c）。

5.6.5.1.2 测评员工作

测评工作由 2 名测评员完成。其测评工作包括但不限于：

a） 2 名测评员站位如图 37 所示；

b） 1 号测评员发令、计时、记录成绩，同时观察受测者观测点完成情况，受测者滑行 2 圈后通过终点线计时停止；

c） 2 号测评员观察受测者观测点完成情况；

d） 测试结束，测评员根据受测者观测点完成情况和滑行时间，取 2 次中个人最好成绩，评定其是否合格。

5.6.5.1.3 测试步骤

受测者测试步骤如下：

a） 佩戴完整装备，至起点线后，举手示意，听到测试指令后开始测试，如图 37 所示；

b） 在 A、B、C、D 4 个点完成跳跃，沿逆时针方向滑行 2 圈；

c） 通过终点线计时停止，测试结束。

每名受测者 2 次测试机会。

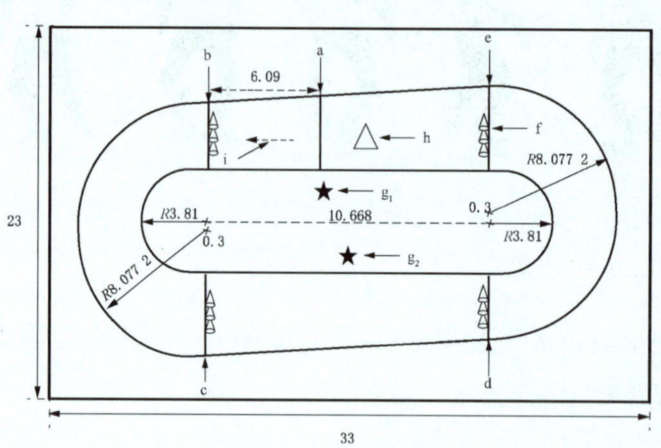

标引序号说明：

a ——起/终点线；

b ——A 点；

c ——B 点；

d ——C 点；

e ——D 点；

f ——标志桶；

g_1、g_2 ——测评员位置；

h ——受测者位置；

i ——滑行轨迹。

图 37 跳障碍滑行测试示意图

1 测评员工作

共 2 名测评员，站位如图 37 所示。

（1）测评前，测评员讲解测评内容及要求，并检查所有受测者的装备。

（2）测评中，测评员就位，分工如下：

① 1 号测评员

a. 一手持手旗，另一手持秒表，手臂夹持记录表。

b. 举旗示意受测者和 2 号测评员准备后，平举手旗，准备吹哨发令。

c. 哨声响起，同时下划手旗，开始计时。

d. 观察受测者在评测区的表现，并记录不符合要求的情况。

e. 受测者通过起（终）点线，停止计时，并记录时间。

② 2 号测评员

a. 待 1 号测评员举旗后，举手示意并准备测评。

b. 全程观察受测者在评测区的表现，并记录不符合要求的情况。

c. 结合 1 号测评员的记录表，综合评定测评结果。

（3）测评后，1 号测评员指引受测者离场。

2 测试步骤

受测者应在测试前明确测评具体要求，按要求穿戴装备，每名受测者有 2 次测试机会。具体测试步骤如下：

（1）受测者在准备区等待，待 1 号测评员举旗示意时，向测评员举手示意。

（2）听 1 号测评员哨声，按照规定要求完成测评内容。

（3）完成测评后回到准备区，准备第 2 次测评。

（4）2 次测评均完成后，经测评员指引离场。

（二）单个动作——360° 转体

5.6.5.2　单个动作——360 °转体

5.6.5.2.1　场地器材与装备

测评场地、器材与装备按如下规定：

a）　场地：硬质平整地面，23 m×33 m 的测评区，A 区、B 区分别为两个直道，间距为 10.668 m；

b）　器材：同 5.5.5.2.1b）；

c）　装备：同 5.5.5.1.1c）。

5.6.5.2.2　测评员工作

测评工作由 2 名测评员完成。其测评工作包括但不限于：

a）　2 名测评员站位如图 38 所示；

b）　1 号测评员发令、计时、记录成绩，同时观察受测者观测点完成情况，受测者滑行 2 圈后通过终点线计时停止；

c）　2 号测评员观察受测者观测点完成情况；

d）　测试结束，测评员根据受测者观测点完成情况和滑行时间，取 2 次中个人最好成绩，评定其是否合格。

5.6.5.2.3 **测试步骤**

受测者测试步骤如下：

a） 佩戴完整装备，至起点线后，举手示意，听到测试指令后开始测试，如图 38 所示；

b） 分别在 A、B 区完成 2 次 360 °转体，沿逆时针方向滑行 2 圈；

c） 通过终点线计时停止，测试结束。

每名受测者 2 次测试机会。

单位为米

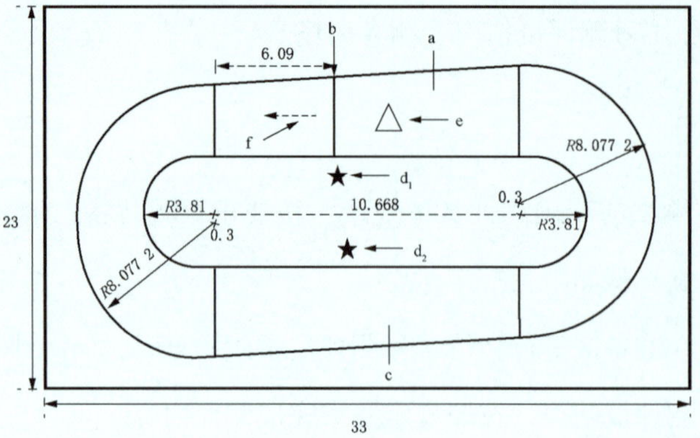

标引序号说明：

a ——A 区；

b ——起/终点线；

c ——B 区；

d_1、d_2 ——测评员位置；

e ——受测者位置；

f ——滑行轨迹。

图 38 360 °转体测试示意图

1 测评员工作

共 2 名测评员，站位如图 38 所示。

（1）测评前，测评员讲解测评内容及要求，并检查所有受测者的装备。

（2）测评中，测评员就位，分工如下：

① 1 号测评员

a. 一手持手旗，另一手持秒表，手臂夹持记录表。

b. 举旗示意受测者和 2 号测评员准备后，平举手旗，准备吹哨发令。

c. 哨声响起，同时下划手旗，开始计时。

d. 观察受测者在评测区的表现，记录不符合要求的情况。

e. 受测者通过起（终）点线，停止计时，并记录时间。

② 2 号测评员

a. 待 1 号测评员举旗后，举手示意并准备测评。

b. 全程观察受测者在评测区的表现，并记录不符合要求的情况。

c. 结合 1 号测评员的记录表，综合评定测评结果。

（3）测评后，1 号测评员指引受测者离场。

2 测试步骤

受测者应在测试前明确测评具体要求，按要求穿戴装备，每名受测者有 2 次测试机会。具体测试步骤如下：

（1）受测者在准备区等待，待 1 号测评员举旗示意时，向测评员举手示意。

（2）听 1 号测评员哨声，按照规定要求完成测评内容。

（3）完成测评后回到准备区，准备第 2 次测评。

（4）2 次测评均完成后，经测评员指引离场。

（三）成套动作——跳障碍综合滑行

5.6.5.3　成套动作——跳障碍综合滑行

5.6.5.3.1　场地器材与装备

测评场地、器材与装备按如下规定：

a)　场地：硬质平整地面，23 m×33 m 的测评区，划分为 4 个区，A、C 区为两个直道；B 区标志桶位于额外赛道线，距离赛道内边线 1 m 或外边线 1 m；D 区 3 个标志桶为一组，三组分别位于弯道 1、3、5 额外赛道线上，横向摆放位于赛道中间；

b)　器材：50 m 钢卷尺 2 把、秒表 1 块、哨子 1 个、宽 5 cm 胶带、标志桶 13 个（高 18 cm）、手旗 1 个；

c)　装备：同 5.5.5.1.1c)。

5.6.5.3.2　测评员工作

测评工作由 2 名测评员完成。其测评工作包括但不限于：

a） 2 名测评员站位如图 39 所示；

b） 1 号测评员发令、计时、记录成绩，同时观察受测者观测点完成情况，受测者滑行 4 圈后通过终点线计时停止；

c） 2 号测评员观察受测者观测点完成情况；

d） 测试结束，测评员根据受测者观测点完成情况和滑行时间，取 2 次中个人最好成绩，评定其是否合格。

5.6.5.3.3 测试步骤

受测者测试步骤如下：

a） 佩戴完整装备，至起点线后，举手示意，听到测试指令后开始测试，如图 39 所示；

b） 在 A 区完成 V 字起跑，B 区完成连续绕障碍滑行，C 区完成 1 次 360 °转体，D 区完成跳障碍滑行，沿逆时针方向滑行 4 圈；

c） 通过终点线计时停止，测试结束。

每名受测者 2 次测试机会。

单位为米

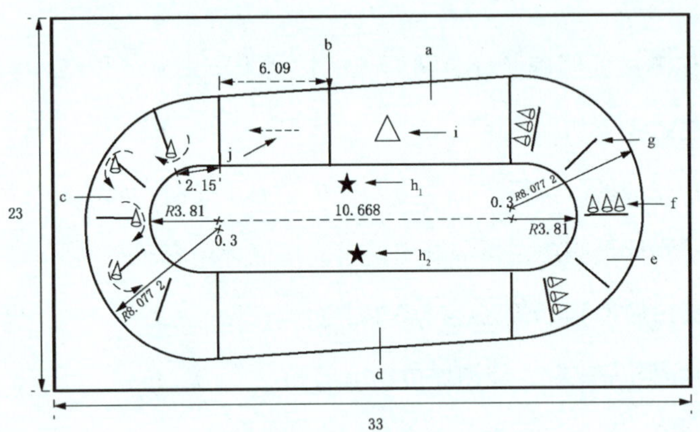

标引序号说明：

a	——A 区；	f	——标志桶；
b	——起/终点线；	g	——额外赛道线：
c	——B 区；	h_1、h_2	——测评员位置；
d	——C 区；	i	——受测者位置；
e	——D 区；	j	——滑行轨迹。

图 39 跳障碍综合滑行测试示意图

1 测评员工作

共 2 名测评员，站位如图 39 所示。

（1）测评前，测评员讲解测评内容及要求，并检查所有受测者的装备。

（2）测评中，测评员就位，分工如下：

①1 号测评员

a. 一手持手旗，另一手持秒表，手臂夹持记录表。

b. 举旗示意受测者和 2 号测评员准备后，平举手旗，准备吹哨发令。

c. 哨声响起，同时下划手旗，开始计时。

d. 观察受测者在评测区的表现，记录不符合要求的情况。

e. 受测者通过起（终）点线，停止计时，并记录时间。

②2 号测评员

a. 待 1 号测评员举旗后，举手示意并准备测评。

b. 全程观察受测者在评测区的表现，并记录不符合要求的情况。

c. 结合 1 号测评员的记录表，综合评定测评结果。

（3）测评后，1 号测评员指引受测者离场。

2 测试步骤

受测者应在测试前明确测评具体要求，按要求穿戴装备，每名受测者有 2 次测试机会。具体测试步骤如下：

（1）受测者在准备区等待，待 1 号测评员举旗示意时，向测评员举手示意。

（2）听 1 号测评员哨声，按照规定要求完成测评内容。

（3）完成测评后回到准备区，准备第 2 次测评。

（4）2 次测评均完成后，经测评员指引离场。

三、轮滑阻拦六级测评工具

（一）成绩记录表

测评员应对每名受测者的实际表现进行评判并记录。每项测评内容的各观测点均达合格要求即为合格。跳障碍滑行成绩记录表如表 14-1 所示，360° 转体成绩记录表如表 14-2 所示，跳障碍综合滑行成绩记录表如表 14-3 所示。

表 14-1　跳障碍滑行成绩记录表

姓名	性别	观测点				合格情况
		滑行要求（第 1 圈运用双脚交替跳跃；第 2 圈运用双脚跳跃；滑行 2 圈）	滑行路线（按规定路线滑行，未缩短滑行距离）	身体表现（途中无摔倒）	滑行时间（男≤ 41 s；女≤ 45 s）	
×××	男	√	√	√	√	√
注：若受测者表现达到合格要求，在相应位置画“√”；不合格画“×”						
测评员：				记录时间：　年　月　日		

表 14-2　360° 转体成绩记录表

姓名	性别	观测点				合格情况
		滑行要求（双脚未同时离地；在规定区域完成转体；滑行 2 圈）	滑行路线（按规定路线滑行）	身体表现（途中无摔倒）	滑行时间（男≤ 41 s；女≤ 45 s）	
×××	女	√	√	√	√	√
注：若受测者表现达到合格要求，在相应位置画“√”；不合格画“×”						
测评员：				记录时间：　年　月　日		

表 14-3　跳障碍综合滑行成绩记录表

姓名	性别	观测点				合格情况
		滑行要求（动作次序正确；在规定区域完成转体；第 1 圈、第 2 圈运用双脚交替跳跃；第 3 圈、第 4 圈运用双脚跳跃；滑行 4 圈）	滑行路线（按规定路线滑行）	身体表现（途中无摔倒）	滑行时间（男≤ 120 s；女≤ 130 s）	
×××	男	√	√	√	√	√
注：若受测者表现达到合格要求，在相应位置画“√”；不合格画“×”						
测评员：			记录时间：　年　月　日			

（二）达标记录表

测评员应根据每名受测者各项测评内容的合格情况，对其达标情况作出评判。各项测评内容均合格为达标。轮滑阻拦六级测评达标记录表如表 14-4 所示。

表 14-4　轮滑阻拦六级测评达标记录表

姓名	各项测评内容合格情况			达标情况
	跳障碍滑行	360° 转体	跳障碍综合滑行	
× × ×	√	√	√	√
注：各项测评内容均合格为达标；根据受测者合格情况和达标情况在相应表格里画“√”或“×”				
测评员：		记录时间：　年　月　日		

四、轮滑阻拦六级测评操作视频

轮滑阻拦六级测评
操作视频

第十五章

轮滑课程学生运动能力六级测评（花样轮滑队列滑）

一、花样轮滑队列滑六级达标要求

4.2.6.5　花样轮滑队列滑

4.2.6.5.1　花样轮滑队列滑六级测评内容及要求应符合表 14 的要求。

表 14　花样轮滑队列滑六级测评内容及要求

测评内容		观测点	合格要求	
单个动作	燕式平衡	滑行要求	两臂侧平举，上身和浮腿与地面平行	滑行距离： 男≥7 m；女≥6 m
		滑行路线	按规定路线滑行	
		身体表现	途中无摔倒	
	转 3	滑行要求	上身直立，两臂平举； 运用前外刃、后内刃滑行	完成次数： 男≥7 次；女≥6 次
		身体表现	途中无摔倒	
成套动作	直线阵—圆形阵路线滑行	滑行要求	动作次序正确	滑行时间： 男≤35 s；女≤40 s
		滑行路线	按规定路线滑行	
		身体表现	途中无摔倒	

4.2.6.5.2　花样轮滑队列滑六级应达到表 14 规定的合格要求，每名测评员均判定合格为达标。

1 单个动作——燕式平衡

受测者在滑行中保持身体平衡，双手自然向两侧平伸，双腿并拢后，重心转移

至支撑腿，身体前屈下压，挺胸收腹，同时浮腿向后抬起并伸直，浮腿髋部外旋，浮腿不可低于臀部。（图 15-1）

图 15-1 燕式平衡

2 单个动作——转 3

以左前外转 3 为例，受测者上身直立，两臂侧平举，身体面朝圆心，蹬地后滑出单足前外刃，在进入转 3 前下压膝盖和脚踝，转体时提升重心，膝盖相对伸直，使用轮滑鞋前半部分（脚掌位置）配合腰胯发力进行转体，转体后获得一定速度，再使用后内刃完成动作。转 3 前浮腿同侧的手臂在前，转 3 后浮腿同侧的手臂在后。（图 15-2）

图 15-2 转 3

3 成套动作——直线阵—圆形阵路线滑行

受测者在滑行过程中，降低重心。先按直线阵路线滑行，需保持稳定的滑行姿势，并在直线阵路线滑行中完成 3 次转 3，然后按照规定的圆形阵路线沿逆时针方向滑行，并在滑行中完成 3 次燕式平衡。每次燕式平衡需保持 2 s 以上，不得缩短滑行距离或摔倒。

二、花样轮滑队列滑六级测评方法

（一）单个动作——燕式平衡

5.6.6.1 单个动作——燕式平衡

5.6.6.1.1 场地器材与装备

测评场地、器材与装备按如下规定：

a） 场地：硬质平整地面，40 m×20 m 的测评区，划分为 3 个区：加速区 10 m×20 m、评测区 10 m×20 m（间隔为 1 m 的 10 个标志桶）、缓冲区 20 m×20 m；

b） 器材：50 m 钢卷尺 1 把、哨子 1 个、宽 5 cm 胶带、标志桶 10 个（高 48 cm）、手旗 1 个；

c） 装备：同 5.5.6.1.1c）。

5.6.6.1.2 测评员工作

测评工作由 3 名测评员完成。其测评工作包括但不限于：

a） 3 名测评员站位如图 40 所示；

b） 1 号测评员发令；

c） 2 号测评员观察受测者观测点完成情况；

d） 3 号测评员记录成绩，同时观察受测者观测点完成情况；

e） 测试结束，测评员根据受测者观测点完成情况和滑行距离，取 2 次中个人最好成绩，评定其是否合格。

5.6.6.1.3 测试步骤

受测者测试步骤如下：

a） 佩戴完整装备，至受测者位置，举手示意，听到测试指令后开始测试，如图 40 所示；

b） 通过加速区，选择任意一侧腿，运用燕式平衡滑行通过评测区；

c） 浮腿落地或滑行停止，测试结束。

每名受测者 2 次测试机会。

单位为米

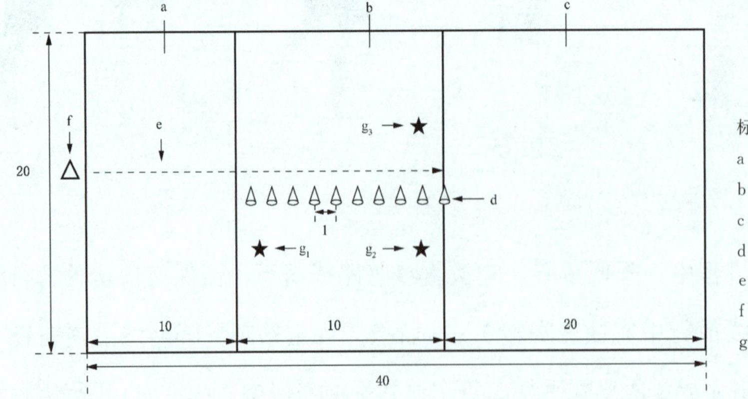

标引序号说明：

a ——加速区；

b ——评测区；

c ——缓冲区；

d ——标志桶；

e ——滑行轨迹；

f ——受测者位置；

g_1、g_2、g_3 ——测评员位置。

图 40 燕式平衡测试示意图

解读

1 测评员工作

共 3 名测评员，站位如图 40 所示。

（1）测评前，测评员讲解测评内容及要求，并检查所有受测者的装备。

（2）测评中，测评员就位，分工如下：

① 1 号测评员

a. 一手持手旗。

b. 举旗示意受测者和 2 号、3 号测评员准备后，平举手旗，准备吹哨发令。

c. 哨声响起，同时下划手旗，测评开始。

② 2 号测评员

a. 待 1 号测评员举旗后，举手示意并准备测评。

b. 全程观察受测者在评测区的表现，并记录不符合要求的情况。

③ 3 号测评员

a. 待 1 号测评员举旗后，举手示意并准备测评。

b. 受测者浮足落地，测评结束，并记录距离。

c. 全程观察受测者在评测区的表现，并记录不符合要求的情况。

d. 结合 2 号测评员的记录表，综合评定测评结果。

（3）测评后，3 号测评员指引受测者离场。

2 测试步骤

受测者应在测试前明确测评具体要求，按要求穿戴装备，每名受测者有 2 次测试机会。具体测试步骤如下：

（1）受测者在准备区等待，待 1 号测评员举旗示意时，向测评员举手示意。

（2）听 1 号测评员哨声，按照规定要求完成测评内容。

（3）完成测评后回到准备区，准备第 2 次测评。

（4）2 次测评均完成后，经测评员指引离场。

（二）单个动作——转 3

5.6.6.2　单个动作——转 3

5.6.6.2.1　场地器材与装备

测评场地、器材与装备按如下规定：

a）场地：硬质平整地面，40 m×20 m 的测评区，划分为 3 个区：准备区 4 m×20 m、评测区 26 m×20 m、缓冲区 10 m×20 m；

b）器材：同 5.1.1.1b）；

c）装备：同 5.5.6.1.1c）。

5.6.6.2.2　测评员工作

测评工作由 3 名测评员完成。其测评工作包括但不限于：

a）3 名测评员站位如图 41 所示；

b）1 号测评员发令；

c）2 号测评员计数，同时观察受测者观测点完成情况；

d）3 号测评员计时、记录成绩，同时观察受测者观测点完成情况；

e）测试结束，测评员根据受测者观测点完成情况和完成次数，取 2 次中个人最好成绩，评定其是否合格。

5.6.6.2.3　测试步骤

受测者测试步骤如下：

a）佩戴完整装备，至准备区，举手示意，听到测试指令后开始测试，如图 41 所示；

b）40 s 内，在评测区完成规定次数转 3 动作；

c）规定时间结束或完成规定次数，测试结束。

每名受测者 2 次测试机会。

单位为米

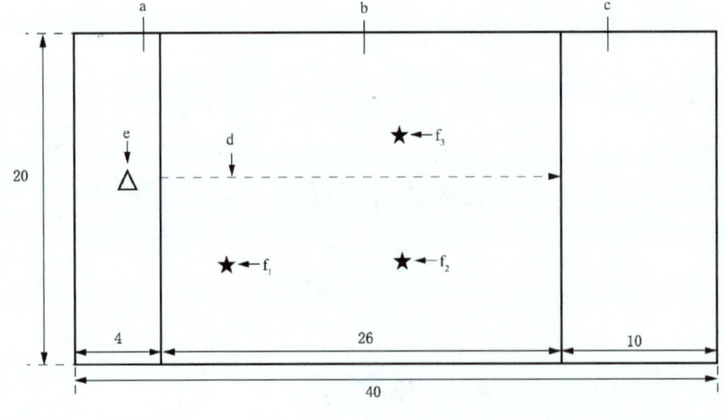

图 41　转 3 测试示意图

解读

1 测评员工作

共 3 名测评员，站位如图 41 所示。

（1）测评前，测评员讲解测评内容及要求，并检查所有受测者的装备。

（2）测评中，测评员就位，分工如下：

①1 号测评员

a. 一手持手旗。

b. 举旗示意受测者和 2 号、3 号测评员准备后，平举手旗，准备吹哨发令。

c. 哨声响起，同时下划手旗，测评开始。

②2 号测评员

a. 待 1 号测评员举旗后，举手示意并准备测评。

b. 全程观察受测者在评测区的表现，记录动作数量和不符合要求的情况。

③3 号测评员

a. 手持秒表，待 1 号测评员举旗后，举手示意并准备计时。

b. 受测者到达缓冲区，测评结束，并记录时间。

c. 全程观察受测者在评测区的表现，并记录不符合要求的情况。

d. 结合 2 号测评员的记录表，综合评定测评结果。

（3）测评后，3 号测评员指引受测者离场。

2 测试步骤

受测者应在测试前明确测评具体要求，按要求穿戴装备，每名受测者有 2 次测试机会。具体测试步骤如下：

（1）受测者在准备区等待，待 1 号测评员举旗示意时，向测评员举手示意。

（2）听 1 号测评员哨声，按照规定要求完成测评内容。

（3）完成测评后回到准备区，准备第 2 次测评。

（4）2 次测评均完成后，经测评员指引离场。

（三）成套动作——直线阵—圆形阵路线滑行

5.6.6.3　成套动作——直线阵—圆形阵路线滑行

5.6.6.3.1　场地器材与装备

测评场地、器材与装备按如下规定：

a）场地：硬质平整地面，40 m×20 m 的测评区，直线阵路线以短边中心向长边丈量 30 m；圆形阵路线的圆心位于直线阵路线 22 m 处，以 8 m 为半径画一个圆；

b）器材：同 5.1.1.1b）；

c）装备：同 5.5.6.1.1c）。

5.6.6.3.2　测评员工作

测评工作由 3 名测评员完成。其测评工作包括但不限于：

a）3 名测评员站位如图 42 所示；

b）1 号测评员发令；

c）2 号测评员观察受测者观测点完成情况；

d）3 号测评员计时、记录成绩，受测者完成规定路线和规定次数计时停止；

e）测试结束，测评员根据受测者观测点完成情况和滑行时间，取 2 次中个人最好成绩，评定其是否合格。

5.6.6.3.3　测试步骤

受测者测试步骤如下：

a）佩戴完整装备，至受测者位置，举手示意，听到测试指令后开始测试，如图 42 所示；

b）在测评区，运用规定动作完成直线阵—圆形阵路线滑行；

c）在直线阵路线中，完成 3 次转 3；在圆形阵路线中，沿逆时针滑行完成 3 次燕式平衡；

d）完成规定路线和规定动作次数计时停止，测试结束。

每名受测者 2 次测试机会。

单位为米

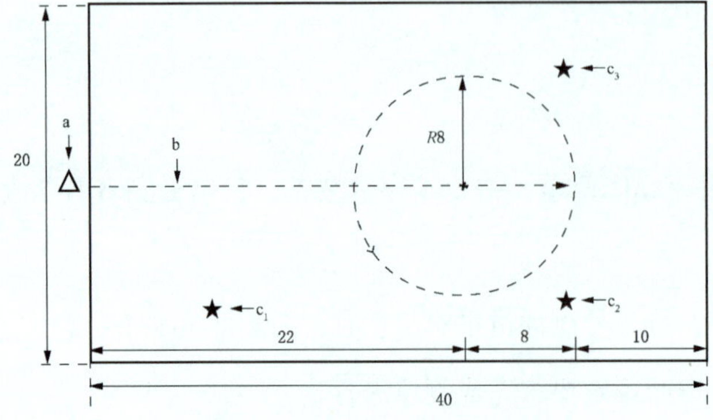

标引序号说明：

a——受测者位置；

b——滑行轨迹；

c_1、c_2、c_3——测评员位置。

图 42　直线阵—圆形阵路线滑行测试示意图

解读

1 测评员工作

共 3 名测评员，站位如图 42 所示。

（1）测评前，测评员讲解测评内容及要求，并检查所有受测者的装备。

（2）测评中，测评员就位，分工如下：

① 1 号测评员

a. 一手持手旗。

b. 举旗示意受测者和 2 号、3 号测评员准备后，平举手旗，准备吹哨发令。

c. 哨声响起，同时下划手旗，测评开始。

② 2 号测评员

a. 待 1 号测评员举旗后，举手示意并准备测评。

b. 全程观察受测者在评测区的表现，每次燕式平衡不少于 2 s，并记录不符合要求的情况。

③ 3 号测评员

a. 一手持秒表，待 1 号测评员举旗后，举手示意并准备测评。

b. 受测者完成规定动作，测评结束，并记录时间。

c. 全程观察受测者在评测区的表现，并记录不符合要求的情况。

d. 结合 2 号测评员的记录表，综合评定测评结果。

（3）测评后，3 号测评员指引受测者离场。

2 测试步骤

受测者应在测试前明确测评具体要求，按要求穿戴装备，每名受测者有 2 次测试机会。具体测试步骤如下：

（1）受测者在准备区等待，待 1 号测评员举旗示意时，向测评员举手示意。

（2）听 1 号测评员哨声，按照规定要求完成测评内容。

（3）完成测评后回到准备区，准备第 2 次测评。

（4）2 次测评均完成后，经测评员指引离场。

三、花样轮滑队列滑六级测评工具

（一）成绩记录表

测评员应对每名受测者的实际表现进行评判并记录。每项测评内容的各观测点均达合格要求即为合格。燕式平衡成绩记录表如表 15-1 所示，转 3 成绩记录表如表 15-2 所示，直线阵—圆形阵路线滑行成绩记录表如表 15-3 所示。

表 15-1　燕式平衡成绩记录表

姓名	性别	观测点				合格情况
		滑行要求（两臂侧平举，上身和浮腿与地面平行）	滑行路线（按规定路线滑行）	身体表现（途中无摔倒）	滑行距离（男≥ 7 m；女≥ 6 m）	
× × ×	男	√	√	√	√	√
× × ×	女	√	√	√	√	√
注：若受测者表现达到合格要求，在相应位置画“√”；不合格画“ × ”						
测评员：				记录时间：　年　月　日		

表 15-2　转 3 成绩记录表

姓名	性别	观测点			合格情况
		滑行要求（上身直立，两臂平举；运用前外刃、后内刃滑行）	身体表现（途中未摔倒）	完成次数（男≥ 7 次；女≥ 6 次）	
× × ×	男	√	√	√	√
× × ×	女	√	×	√	×
注：若受测者表现达到合格要求，在相应位置画“√”；不合格画“ × ”					
测评员：			记录时间：　年　月　日		

表 15-3 直线阵—圆形阵路线滑行成绩记录表

姓名	性别	观测点				合格情况
		滑行要求（动作次序正确）	滑行路线（按规定路线滑行）	身体表现（途中无摔倒）	滑行时间（男≤ 35 s；女≤ 40 s）	
×××	男	√	√	√	√	√
×××	女	√	√	√	√	√
注：若受测者表现达到合格要求，在相应位置画“√”；不合格画“×”						
测评员：			记录时间： 年 月 日			

（二）达标记录表

测评员应根据每名受测者各项测评内容的合格情况，对其达标情况作出评判。各项测评内容均合格为达标。花样轮滑队列滑六级测评达标记录表如表 15-4 所示。

表 15-4 花样轮滑队列滑六级测评达标记录表

姓名	各项测评内容合格情况			达标情况
	燕式平衡	转 3	直线阵—圆形阵路线滑行	
×××	√	√	√	√
×××	√	×	√	×
注：各项测评内容均合格为达标；根据受测者合格情况和达标情况在相应位置画“√”或“×”				
测评员：			记录时间： 年 月 日	

四、花样轮滑队列滑六级测评操作视频

花样轮滑队列滑六级测评
操作视频